森保ストラテジー

サッカー最強国撃破への長き物語

五百蔵容

JN052848

星海社

250

SEIKAISHA SHINSHO

プロローグ

いつまでも観ていたい。終わって欲しくない。そんな試合でした。

2022年FIFAワールドカップ・カタール大会、ラウンド16、日本対クロアチア。ピッチでは、そこにいる全ての選手たちが個人としてだけではなく大きなグループとしても小さなグループとしてもまとまり、それぞれに巧緻を凝らし、味方を見て、敵を見て、状況判断を行い、決断し、果敢なチャレンジを重ね、ゴールを目指していました。彼らはたくさんのミスをしていました。ミスに拘泥するものは誰もなく、敵のミスは抜け目なく突き、味方のミスは補い合いながら、ひたすらボールを追いかけていたのです。サッカーをプレーする上である意味「当たり前のこと」が高いレベルで、素早く、それこそ一瞬の緩みもなく試合中間断なく詰まりに詰まっている。誰もが状況に前向きにコミットしている。そのエネルギーがモニターを通してもヴィヴィッドに伝わってくる。ひとつひとつ全てのプレーが見逃せない、あらゆる点に複合的な見応えのある、もう二度とない瞬間、繰り返せない試合。「これぞワールドカップの決勝トーナメント」というゲーム。

この大会のグループステージ、日本代表が入ったグループEは「死のグループ」。W杯4回の優勝を誇る強豪中の強豪国ドイツ、現代サッカー革新の礎を生み出した、やはり世界屈指の強豪スペイン。加えて、北中米カリブ海予選から大陸間プレーオフの死闘をくぐり抜け本戦に辿り着いた曲者コスタリカ。いずれも、毫《ごう》も侮ることのできないチームばかり。国際的に見ればドイツ、スペイン圧倒的二強のグループで、過去本大会出場6回のうち3回ベスト16に進出してきた日本としては、必達目標に掲げた悲願のベスト8進出が、これ以上は想定できないほど困難なミッションと化す組み合わせとなりました。ですが大方の予想を覆し、日本代表はドイツ／スペインに勝利。「死のグループ」を首位で通過。そこには、世界のサッカー界、サッカーファンが一様に驚いた、森保一監督の戦略・作戦の妙がありました。

本書は、今大会グループステージ突破の大きな側面である、森保監督とそのスタッフによる「戦略・作戦」構想、立案、遂行の優秀性をピッチ上の現象から観察、分析、論じつつ、二つの敗戦——とりわけ、「終わって欲しくない」と思えるほど、サッカーの魅力が詰まった内容となったクロアチア戦から、それゆえにうかがえる限界を考えます。

そして、近年ますます発展を見せる現代サッカーの様相を踏まえつつ、森保監督の戦略的サッカー、日本サッカーがその流れの中でどう位置づけうるか考え、招来の展望を探ります。

第1章では、森保監督が指揮官として世に出たサンフレッチェ広島時代（2012～2017）を当時のJリーグ事情とともに振り返り、この時既に見せていた端倪すべからざる戦略家としての資質を再検討します。第2章では、21世紀最初の20年で、爆発的な進化を遂げた現代サッカーシーンを概観、その動向と戦略家・森保の仕事がどのような類似性を持っていたか、異なる点、問題点を抱えていたか検討します。その視角・論点を踏まえ、第3章から第5章まで、日本代表監督就任後の森保ジャパンの動向を追い、ことに「プレー原則、ゲーム戦略によって形成される大きな枠組み」「委任戦術」両輪の採用によってどういった進展が見られたのか、捕捉していきます。第6章では、カタール大会本戦での各試合分析を通じ、「戦略＝大きな枠組み」「委任戦術」の組み合わせが、最終的にどのようなチーム作りに落着していったか検分。ドイツ、スペインとの戦いでは森保監督の打ち出した戦略の優位性が発揮され勝利に繋がったこと、逆にコスタリカ戦やクロアチア戦ではその特質を察知した敵手によってその優位性がロックされてしまい、最終的にまとまった

「チームの形」、そしてその選択を余儀なくさせられた弱点が結果を左右。日本代表史上画期的な活躍を実現したチームであるにもかかわらず、日本サッカー初のベスト8進出という必達目標を失陥してしまったドラマを虚心坦懐に見つめ直していきます。

森保監督が、日本サッカー史上稀代の戦略家であり作戦家であることは、いまや論を俟《ま》ちません。彼の歩みを辿り、カタールW杯における仕事との連続性を確認していくことは、2000年代、2010年代、2020年代を通じ劇的な革新を遂げた現代サッカーの行く末と日本サッカーの将来との緊張関係、交わる線を臨む旅になるでしょう。

目次

第2章 現代サッカーと森保サッカー

第3章 日本代表監督・森保一(1)——チームの立ち上げ〜アジアカップ 77

第4章 日本代表監督・森保一（2）――東京五輪をめぐる時節から見えたもの 115

第5章 森保ジャパン、最終予選の戦い 135

3つのゾーン

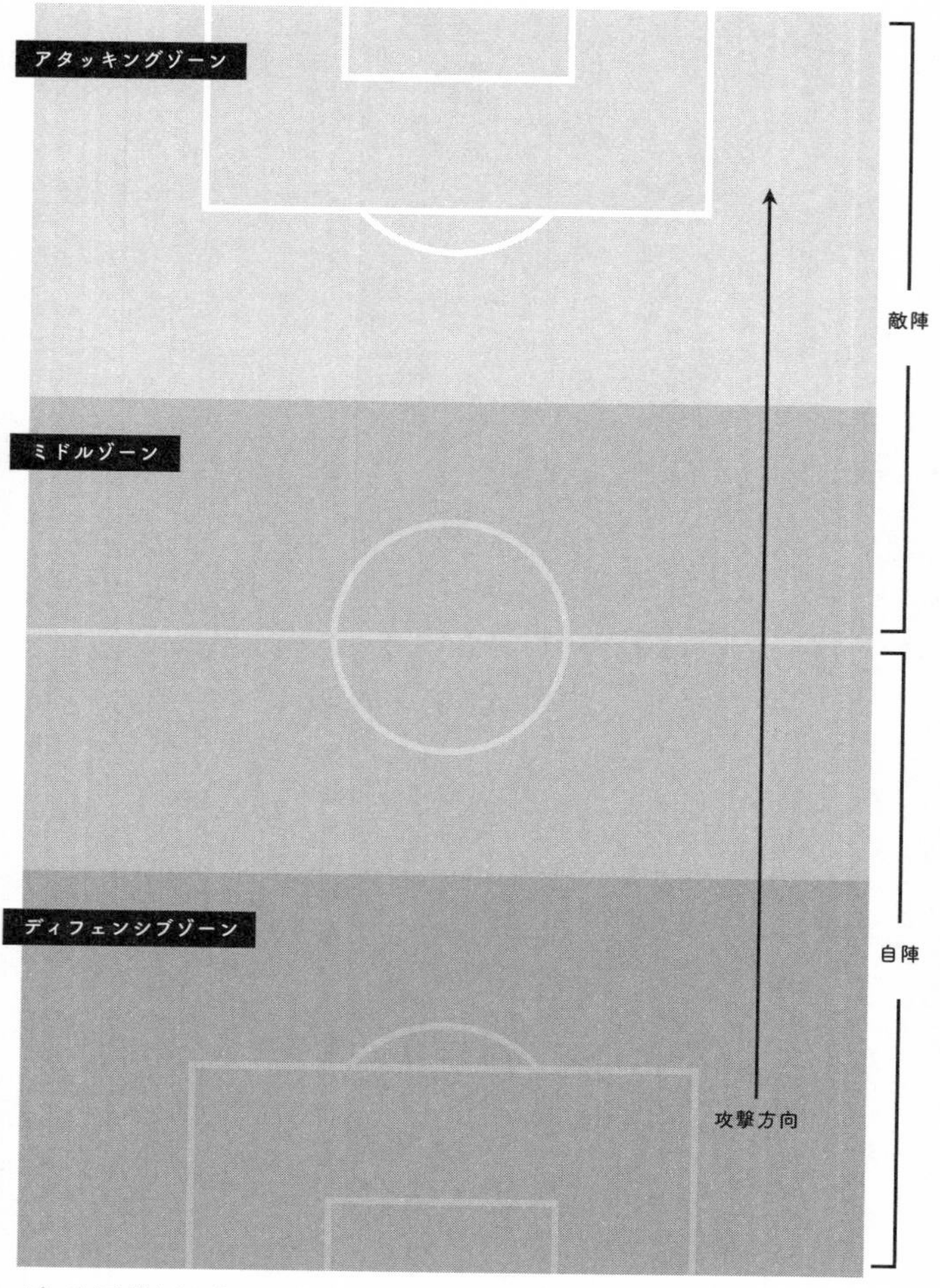

ピッチを攻撃方向に向け三分割したエリアのうち、自陣側を「ディフェンシブゾーン（サード）」、中盤を「ミドルゾーン（サード）」、敵陣側を「アタッキングゾーン（サード）」と呼ぶ

5つのレーン

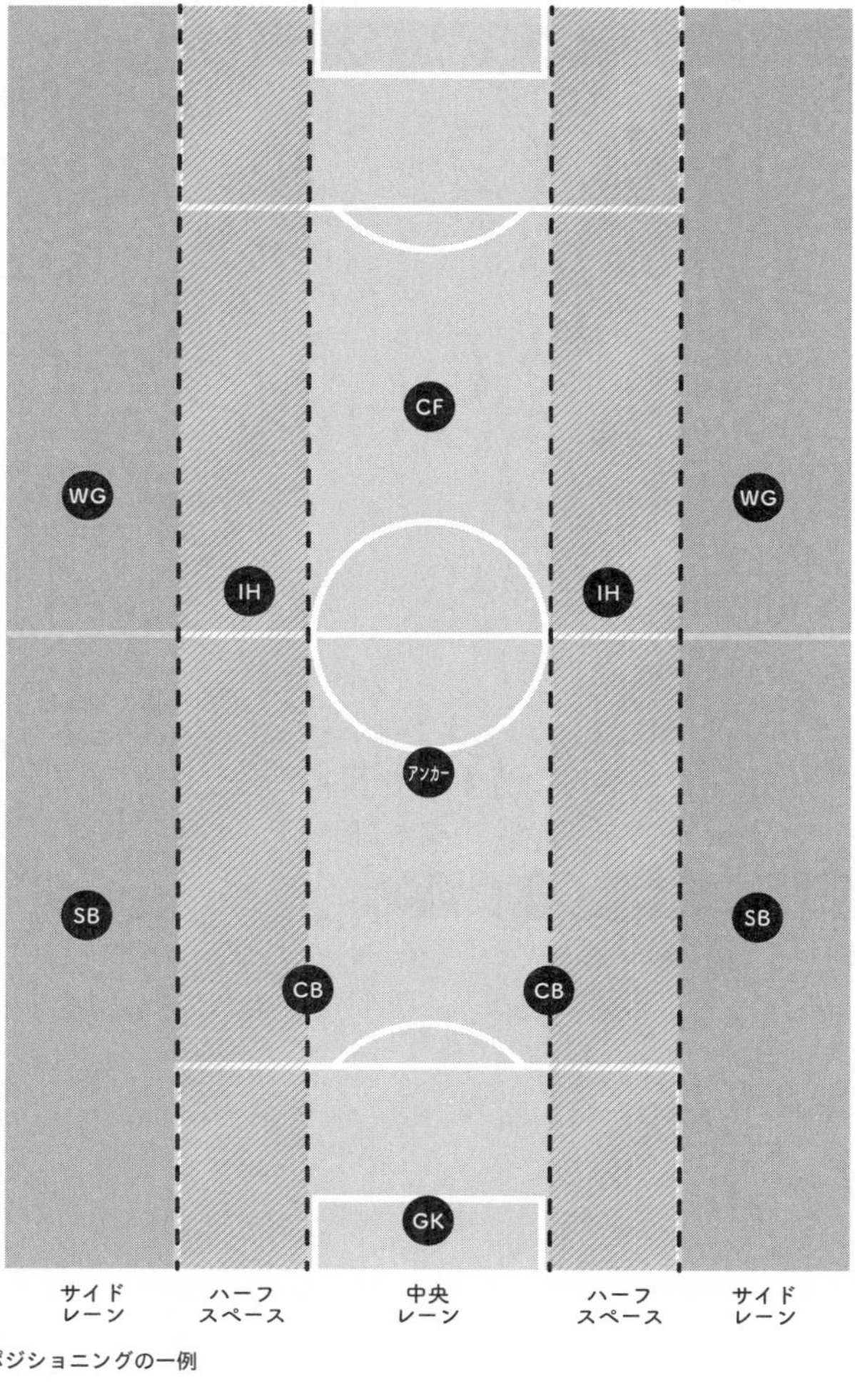

ポジショニングの一例

ポジション一覧

ディフェンシブゾーンに基本位置を取るポジション

• GK（ゴールキーパー）

ゴールを守る専任の選手。

• DF（ディフェンダー）

守備を主任務とする選手の総称。CB、SB、WBなど。

• CB（センターバック）

主にゴール前・中央で守備を主任務とする選手。

• SB（サイドバック）

4人のDFを配する4バックのシステムで、最終ライン（DFライン）の両サイドを担当するDF。機を見てミドルゾーン〜アタッキングゾーンまで上がり、攻撃参加を行う。チーム戦術によって、攻撃参加の頻度や、敵陣のどこまで侵入してどう攻撃に関わるかある程度設定されていることが多い。

• WB（ウィングバック）

3人のCBを配する3バックのシステムで、一番外側の両サイドを担当するDF。SBより高い位置をスタートポジションとし、ミドルゾーン〜アタッキングゾーンへの攻撃参加とDFラインに入っての守備参加を両立する。守備時には3人のCBのサイドを固めるようタスクを設定されていることが多く、そのため3バックのシステムは結果として両サイドのWBが共に下がって実質5バックとなることがある。

ミドルゾーンに基本位置を取るポジション

• MF（ミッドフィールダー）

直接得点に絡むFW（フォワード）やアタッカーの選手とDFラインの間、いわゆる中盤にポジションする選手のこと。位置的に攻撃・守備双方を担当する。

• DH（ディフェンシブハーフ）

MFの中で、DFラインの前に位置し守備を主任務とするMF。何枚のDHを置くかはチーム戦術、採用するフォーメーション、システムによって異なる。

• アンカー

〔4－3－3〕や〔3－1－4－2〕などのフォーメーションにおいて、DFラインの前に1枚でポジションし、DH任務を行う選手。

• **CH（センターハーフ）**
中盤の中央エリアに配されるMFの総称。DHも含む。

• **IH（インサイドハーフ）**
〔4－3－3〕や〔3－1－4－2〕などのフォーメーションにおいて、アンカーより前のラインでポジションするMF。これらのフォーメーションでは、左右1枚ずつ、2枚のインサイドハーフが配される。

• **SH（サイドハーフ）**
〔4－4－2〕や〔4－2－3－1〕などのフォーメーションで、左右のサイドを担当するMF。

• **WG（ウィング）**
〔4－3－3〕などのフォーメーションで、FWに準ずる高い位置で、左右サイドに開いて両翼からゴールを狙うアタッカー。現代サッカーでは、サイドから中央、ハーフスペース（インサイド）に移動してプレーすることを求められることも多い。

• **OH（オフェンシブハーフ）**
FWなどの近くにポジションし、攻撃面のタスクを主に担うアタッカー要素の強いMF。

• **トップ下**
OHの中でも、中盤の高い位置、FW近くの中央に位置して中盤の低い位置とアタッカーをリンクするようなタスクを担う選手。例えば〔4－2－3－1〕だと、3の中央に位置する。

アタッキングゾーンに基本位置を取るポジション

• **FW（フォワード）**
フォーメーションの頂点で敵陣に位置し、敵のCBやDFと直接駆け引きしてゴール前に侵入して得点することを主任務とするアタッカー。

• **CF（センターフォワード）**
特に中央に位置して得点することを主任務とするFW。

• **シャドー**
〔3－4－2－1〕などのフォーメーションで、先頭に位置するFW（CF）の背後に（その影＝シャドーのように）ポジショニングするアタッカー。通常、トップ下よりも高い位置に配されるが、起用する選手の特徴によってはトップ下のように振る舞うこともある。

サッカー分析のための一般的な用語・概念

• プレッシング（プレス）
相手ボールホルダーに接近し、自由にプレーさせないよう圧力をかけること。

• ハイプレス
敵陣高い位置、アタッキングサードでプレッシングを仕掛けること。

• ミドルプレス
ミドルゾーンでプレッシングを仕掛けること。

• カウンタープレッシング（カウンタープレス）
ボールを失った際に後退して守備ブロック（守備陣形）を組むのではなく、逆にカウンターを仕掛けるように即座にプレッシングに移行してボールを取り返そうとするアクション。

• リトリート
ボールを失った際に、カウンタープレスをかけるのではなく後退して守備ブロック（守備陣形）を組むこと。

• オフザボール
自らがボールを持っていない状態のこと。サッカーでは、個々の選手がボールを持つ時間は非常に少なく、オフザボールの時間が長い。そのオフザボールの状態にある時に、どのように効果的なプレー、ポジショニング、動きをするかで試合展開が大きく変わる。

• インテンシティ
プレッシングや攻撃のアクション、1対1など全般的にチームとして求められるプレー、戦術的なアクションを試合中連続して行う強度、能力。インテンシティが高い、低いなどと用いる。

• ビルドアップ
自陣から敵陣までボールを運ぶチームアクションのこと。

• デュエル
攻撃、守備における1対1の勝負のこと。ポジション毎に担うタスクが多様化・複雑化し戦術的な重要性が高まっている現代サッカーでは、単なる「個人と個人の勝負」ではなく、個々の局面のデュエルにおける優劣がチーム戦術や全体のプレークオリティに大きな影響を与える。

• ゲームモデル
どんな試合においても、チームとして実践しなければならないと規定されるプレー、戦術的アクションを取りまとめたもの。個別に箇条書きされるものではなく、例えば次に挙げる「サッカーの四局面」のような循環するプレーサイクルの中で、相互につながりを持った形で設計・記述されることが多い。本書では「ゲーム戦略」に近い意味でも用いる。

サッカーの四局面

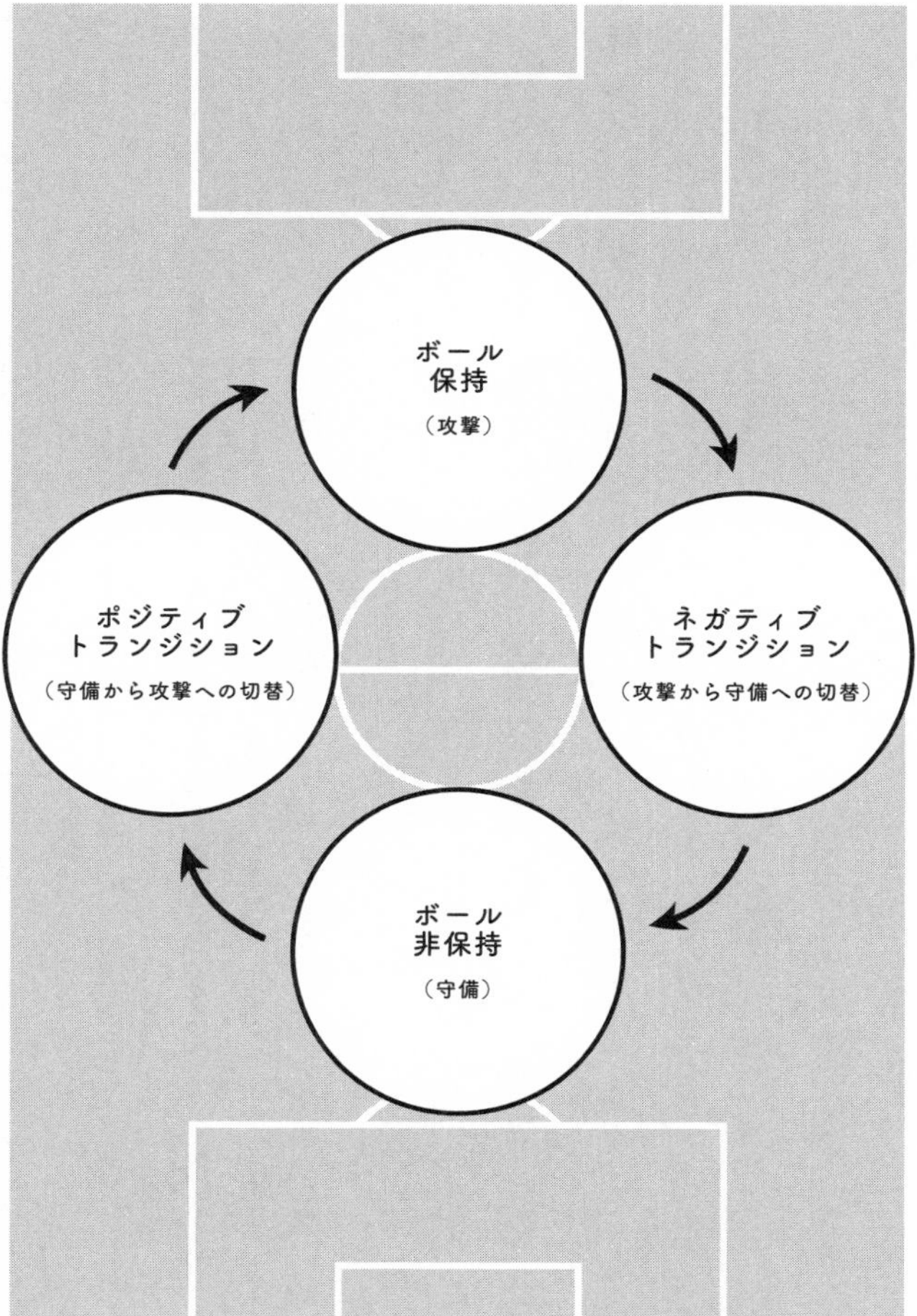
ボール
保持
（攻撃）
ネガティブ
トランジション
（攻撃から守備への切替）
ボール
非保持
（守備）
ポジティブ
トランジション
（守備から攻撃への切替）

戦略・作戦・戦術の概念

●戦略

実際の戦い（試合）に臨む以前に、勝利条件を満たすため大局的に設計しておく方針やコンセプト。

本書においては、最終的な勝利（W杯本戦出場、本戦でのグループステージ突破など）を得るため、1試合単位ではなく目的達成までのプロセス全体で準備・構想される計画・コンセプト・運用計画の大枠（チーム戦略）、実際の試合での作戦構想の基礎をなす大枠（ゲーム戦略）、といった意味で用いる。

●作戦

本書においては、チーム戦略、ゲーム戦略に基づき、当面の戦いに勝利するため彼我の能力や相対的な優劣などを考慮し設計される具体的な計画を指す。

●戦術

本書においては、試合毎のゲーム戦略、作戦に基づいて採用される方策を指す。

戦略・作戦実行のため選択される具体策、遂行手段や、問題が起きた場合の解決方法。

チームとしての戦術（チーム戦術）、個人としての戦術（個人戦術）がある。いずれも、できるだけ多くの方策を持っておくことが望ましい。

森保一プロフィール

生年月日	1968年8月23日
出身地	長崎県長崎市
最終学歴	長崎日本大学高校卒業
選手歴	1979〜1980年　土井首SSS（長崎市立深堀小学校） 1981〜1983年　長崎市立深堀中学校 1984〜1986年　長崎日本大学高等学校 1987〜1992年　マツダサッカークラブ 1992〜1997年　サンフレッチェ広島 1998年　京都パープルサンガ 1999〜2001年　サンフレッチェ広島 2002〜2003年　ベガルタ仙台 ＊日本代表35試合1得点（1992–1996） ＊J1リーグ293試合15得点、Jリーグカップ49試合6得点
指導歴	2004〜2007年　サンフレッチェ広島 強化部育成コーチ 2005〜2007年 JFAナショナルコーチングスタッフ U-19／U-20日本代表 コーチ トレセンコーチ（中国地域担当） 2007〜2009年　サンフレッチェ広島 コーチ 2010〜2011年　アルビレックス新潟 ヘッドコーチ 2012年〜2017年7月　サンフレッチェ広島 監督 ＊J1通算187試合 92勝40分け55敗 2017年11月〜　第32回オリンピック競技大会（2020／東京）サッカー男子日本代表監督 2018年〜　SAMURAI BLUE（日本代表）監督
資格	2005年　JFA S級コーチライセンス

（JFAの公式プロフィールより作成）
https://www.jfa.jp/national_team/staff/MORIYASU_Hajime.html

第1章

戦略家・森保一の誕生

～サンフレッチェ広島監督時代

2010年代初期のJリーグ

森保一監督がサンフレッチェ広島のトップチーム監督に就任した2012年。現代サッカーの最先端を行くヨーロッパは、戦術革命のまっただ中にありました。クラブシーンはジョゼップ・グアルディオラ率いるFCバルセロナが、代表シーンではスペイン代表がそれぞれ圧倒的な内容でヨーロッパの頂点を極め、〝現代的なポジショナルプレー〟をベースとした「攻撃サッカー」が猛威を振るい、その戦術やトレーニング理論が言語化・メソッド化され急速に広まり、寄り添うように対抗戦術も発達し、シーン全体が熱気のこもった爆発的発展を遂げていたのです(第2章にて詳述)。

一方、当時のJリーグ(日本国内のトップリーグ)では、2010年は、名古屋グランパスが強力な個の力を活かす「4-3-3」システムを年間通じ運用して優勝。2011年はこのシーズンJ2から昇格(復帰)してきた柏レイソルが、2CBと2DHのボックスとインサイドに絞る2SH+2FWでSH↓トップ下のタスクを担うクラック(レアンドロ・ドミンゲス)を活かすという、ブラジルスタイルの「4-2-2-2」で優勝。いずれのシーズンも攻撃的なメンタリティのチームが上位を占めてはいましたが、現代サッカー最前線との連動、キャッチアップの動きはまだ表だって見えない——という時節でした。

そんな中でも、戦術的なトピックは存在しました。それも、国際的基準に照らしても相当にユニークなものが。それこそ、森保監督の前任者、ミハイロ・ペトロヴィッチ監督（以下、ミシャ監督）が作り上げたサンフレッチェ広島の超攻撃的サッカーでした。

本章では、そのミシャサッカーが示した特異性を検証、2010年代前半のJリーグに与えた影響を振り返ります。そして、得点も多いが失点も多く、それゆえ勝ちきれなかったチームを森保監督がどのようにして「勝てるチーム」にしていったのか、ピッチ上から見られる要因を取り上げ、戦略家、作戦家、用兵家としての森保一が形成されていく様子を再確認していきます。

ミシャ・ペトロヴィッチの超攻撃的サッカー「ミシャ式」

ミシャ監督は、2006年シーズンの途中からサンフレッチェ広島の監督に就任しました。当初からチームが一体となった魅力的なサッカーを展開しています。2007年にJ2降格の憂き目を見るもチーム作りの手腕を評価され、そのまま続投した2008年から2009年の間に生み出されたのが、俗に「ミシャ式」と呼ばれる、当時としては極めて独自性の高い戦術でした。

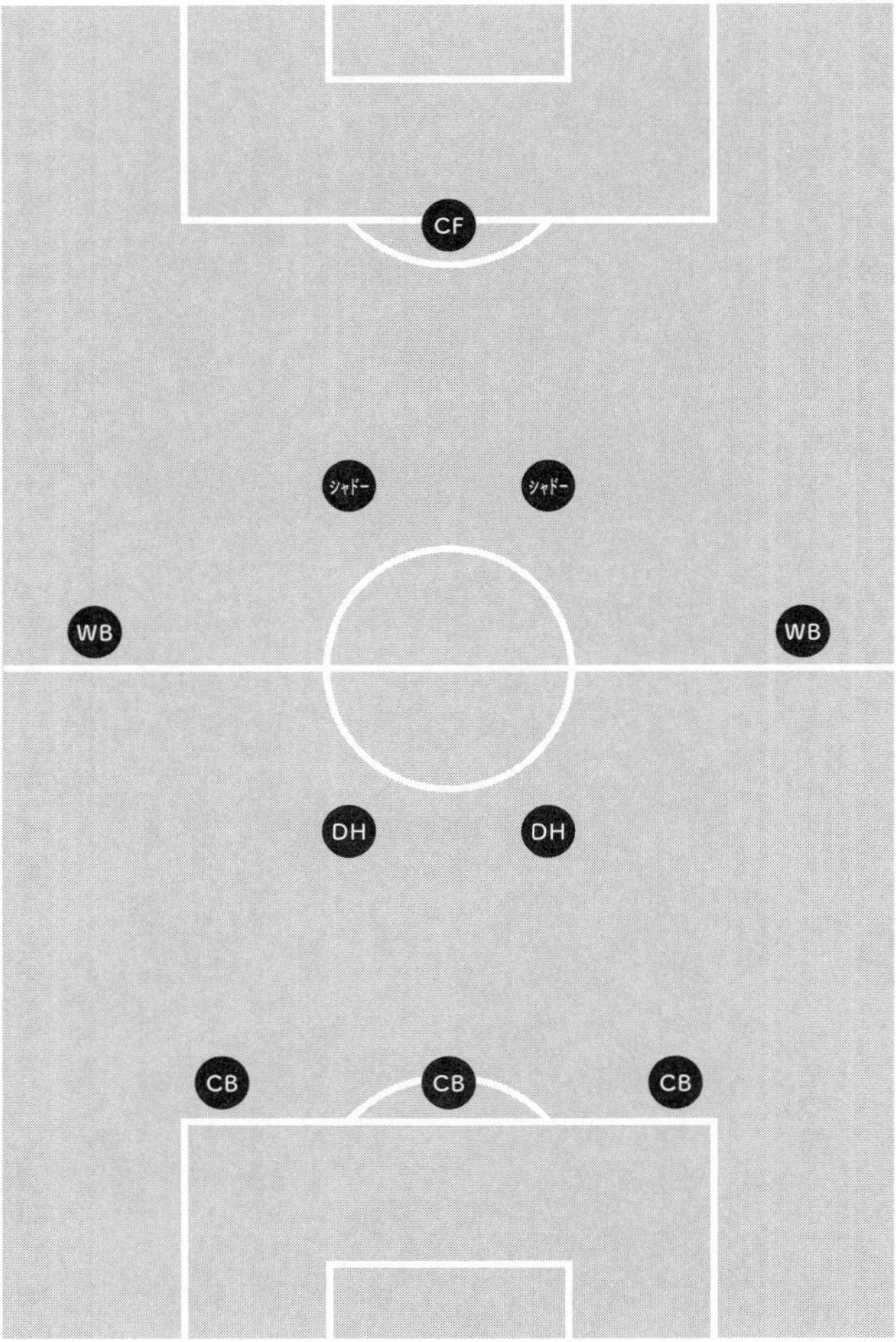

図1－1 「ミシャ式」の基本布陣

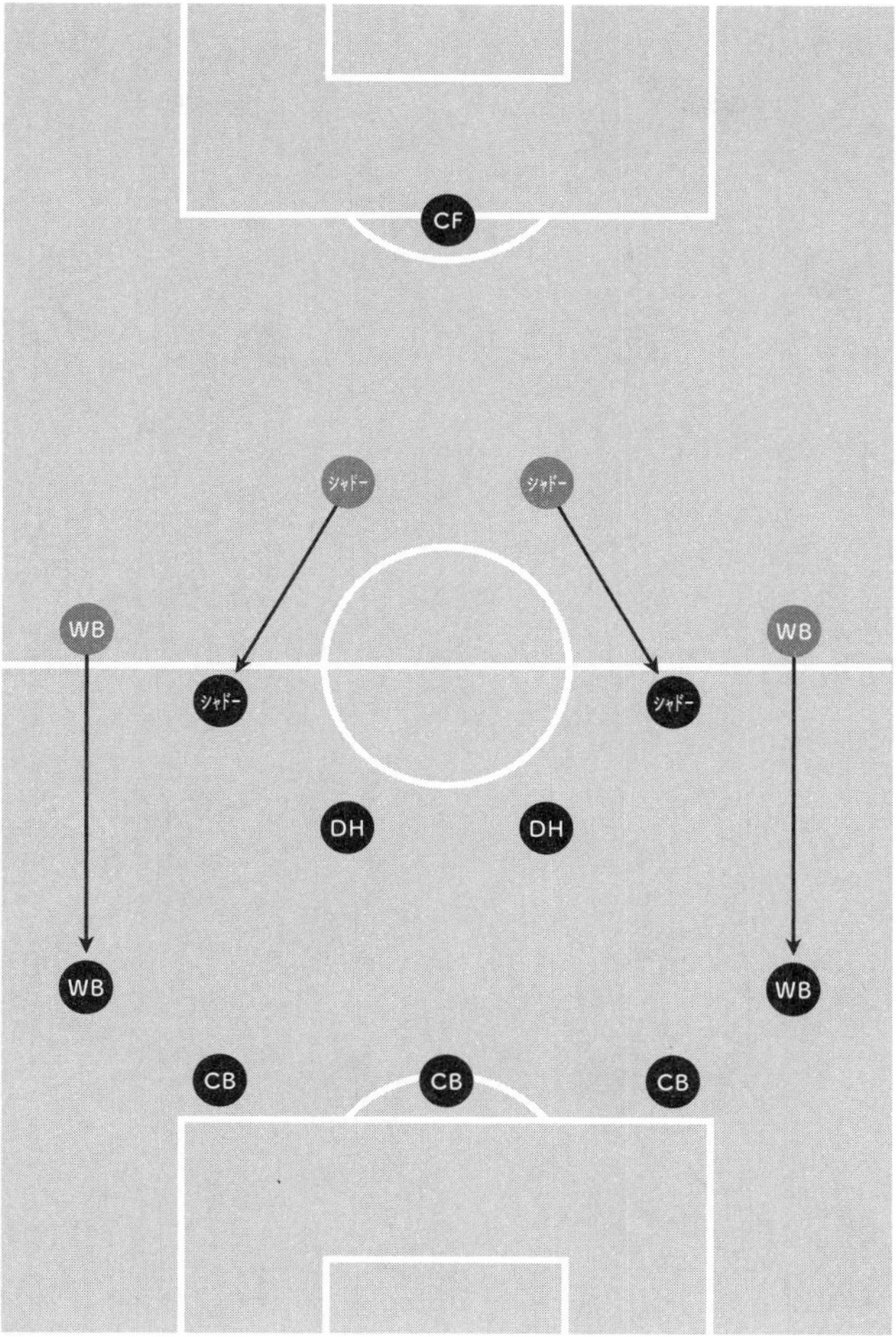

図1－2 「ミシャ式」のボール非保持時（守備時）の布陣

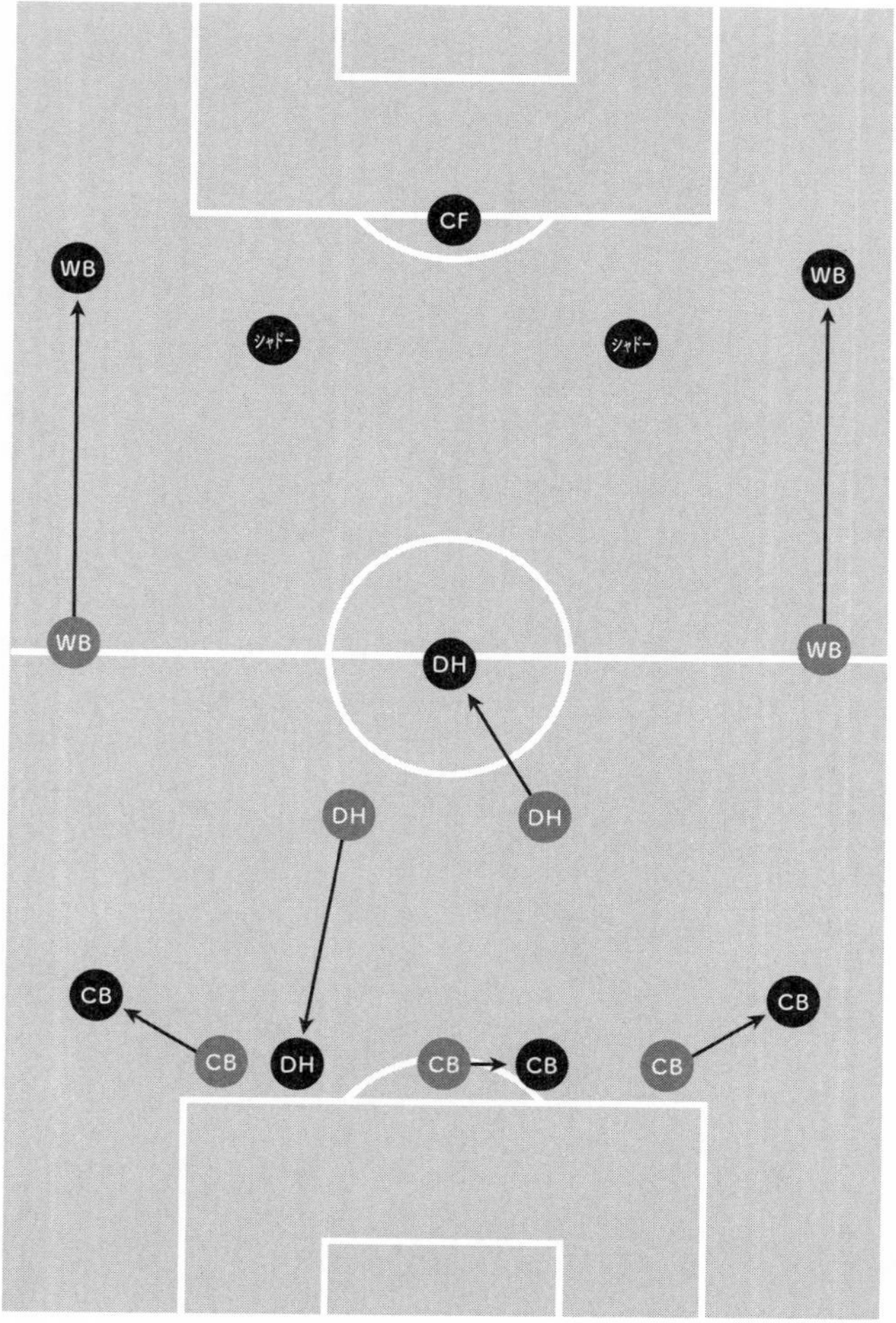

図1－3 「ミシャ式」のボール保持時（攻撃時）の布陣

基本布陣は3バック、2DHに1トップ2シャドーの「3－4－2－1」(図1－1)。ボール非保持時（守備時）にはWBが下がって5枚のDFラインを形成し、「5－4－1」に変化(図1－2)。ボール保持時（攻撃時）には左右のCBが翼側に大きく開きSBになります(図1－3)。同時にDHの1枚がDFラインに下がってCB化し、残ったCBと共に2CBを形成。中盤はアンカー1枚を残し、WBはWGとして前線に高く上がり、中央の3枚と合わせ5人のアタッカーが並ぶ、中盤が空洞化した「4－1－5」という超攻撃的な布陣に変貌します。いわゆるフォーメーション可変型のシステムでした。

「局面に応じて常に戦術的な配置転換を行い、相手の配置に対しズレを生み出す、スペースを埋め攻撃しづらい状況を作るなどして対応を強いることで主導権を握る」——2023年の現在では世界的に主流となる考え方ですが、ミシャ式登場当時は日本国内はおろか世界的にも珍しいやり方でした。ミシャ監督は広島退任後も浦和レッズ、北海道コンサドーレ札幌などで試行錯誤、ブラッシュアップを続けています。

当初は、4バックに5枚のアタッカーを当て、ラグビーのラインアタックのように最終局面でシンプルに数的優位を作る攻撃を行っていました。そこから、相手CBに対する一時的な数的優位を巧妙に活用する様々なパターン攻撃が生み出されていきました。

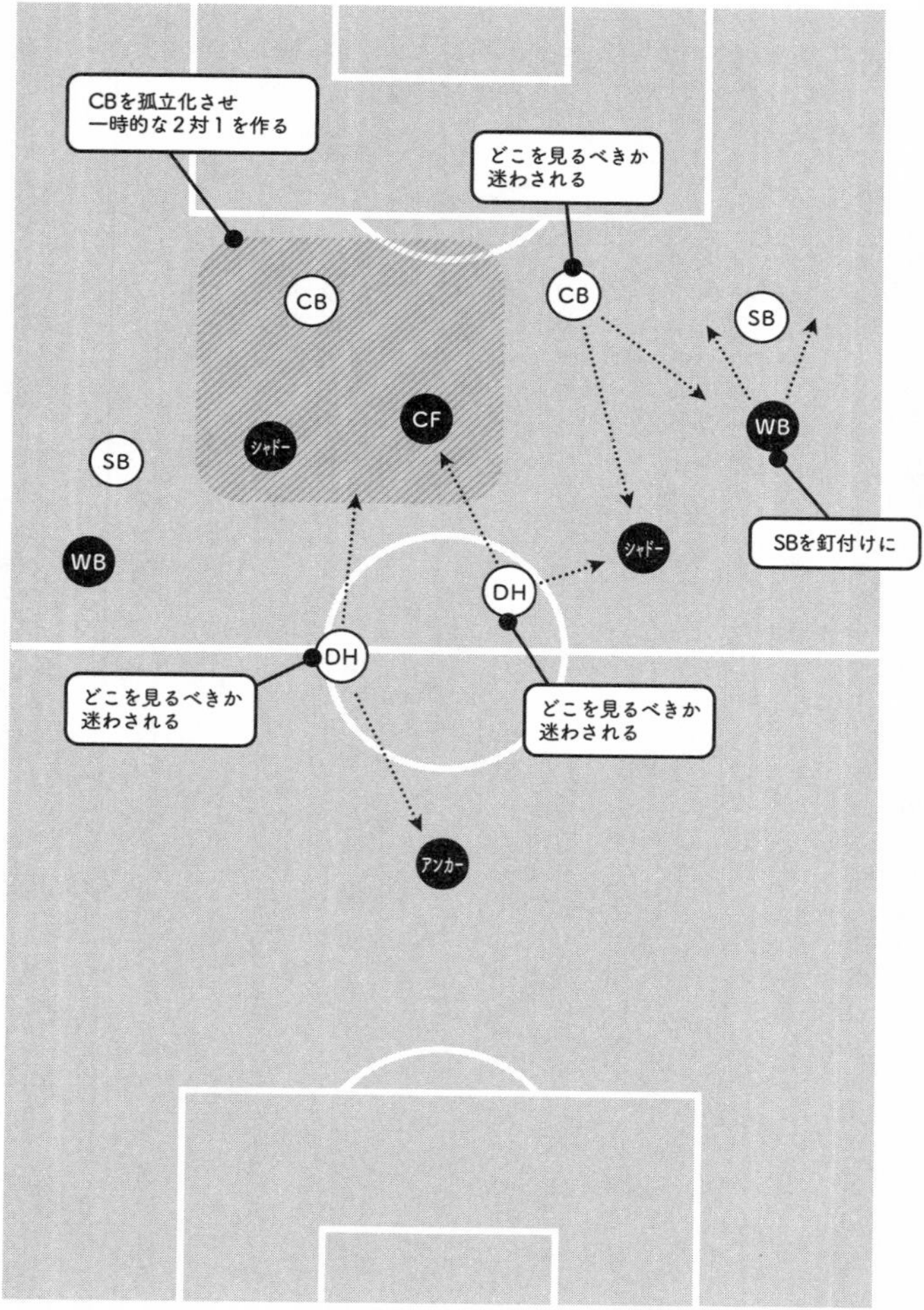

図1－4 「ミシャ式」の攻撃パターンの一例

2枚のCBに対してCF＋2シャドーが中央突破を狙うパターンです（図1―4）。3人の動きを組み合わせ、相手にチャレンジ・カバーを強要することで、DHを引きつけたりCBの1枚を動かし、残る1CBに対し2対1を作ります。ここにボールを供給できれば、ワンツーやスループレーなどで容易にラインを突破し、決定機を生み出せます。アンカーからの縦パスを後ろにそらし（フリック）縦展開する、構造上フリーになりやすいSBから入る斜めのグラウンダーパスに対しスループレーやワンツーを交えて一気に裏を取る、など様々なパターンが生み出されました。

WBはWG化して敵陣深く進出し、相手のSBを引きつけます。このことでCBがSBの内側へのスライドによるカバーリングを期待しづらくなり、よって孤立しやすくなって、CF＋2シャドーの3枚による右記パターンが機能しやすい状況が生まれます。これを嫌ってSBがCBのサポートのため内側に留まるのであれば、WBはその外側を突いてDFラインの裏に出て、相手を危機に陥れます。CBが中央のコンビネーション阻止に集中し、SBがWBの対応に動くのであれば、そのことによってCB～SB間が大きく空くことになります。その場合はそこをシャドーに使わせ、やはり裏抜けを狙います。

ミシャチームはどのパターンでも敵陣に人数をかけ、最終局面の様々な場所で得られる数的優位を活用してゴール前、ボックス内に良い形で侵入することができ、一気にシュートチャンス、決定機を創出することができました。これらの動きを理解できる選手であれば誰でも習熟可能に仕上げられており、Jリーグはもちろん、世界を見ても類を見ない、構造的でありかつ多彩でもある、しかもチームプレーとして繰り返し再現可能という攻撃戦術となっていたのです。

ミシャ式への対策

対戦相手となるJリーグの各チームは様々な対策を編み出してこの特異な戦術に対抗しました。

①4バック（「4-4-2」）で自陣に引いてミックスゾーン（マンツーマンとゾーンの併用）で人とボールの動きを同時にブロック。ミシャチームをあえて自陣に引き込み、人数をかけさせたところでミシャチーム陣内に数的同数、数的優位を得てカウンターを狙う。

②4バック（「4－4－2」）でマンツーマンでマーク。パスワークを引っ掛けてショートカウンター狙い。

「4－1－5」の展開に対して2FWで2CBを、2SHで2SBを、そしてDHの1枚を縦進出させることでアンカーを消します。アンカーの展開力を無効化し、前線に展開する5枚のアタッカーにクリーンなボール出しを許さず、ミシャ式のコンビネーションアタックを効果的に行わせないのが狙い。SBかアンカーのところでボールを奪って数的同数のカウンターに持ち込みます。

③ミシャ式と同じフォーメーションを採用し、マンツーマンで封殺する。

ミシャチームの一人一人に対しマークを付けることで、パスワークを引っ掛けてインターセプトからのカウンターを生じやすくする。全ての局面で1対1での対応が期待できるため、ミシャチームの狙いである最終局面で数的優位、ギャップを作られづらい。

②の方法はJリーグのチームが常用している4バックのプレーモデルをさほど崩さずに行えるため、よく見られた対策でした。ただし、自陣のDHが1枚となるため、ミシャチームのCF＋2シャドーに対し3対1の数的劣位になります。ミシャチームのCBからアンカーを飛ばして直接この3枚のどれかにパスを付けられ収められると、2枚のCBに対して彼らが狙うコンビネーションに持ち込まれてしまいます。結局ミシャ式のコンビネーションを阻止できず崩されるケースが頻発していました。

対して③の方法は、中央をはじめから3枚で守れるため、CF＋2シャドーの連携による仕掛けに対応しやすいのが特長です。DHを簡単に動かさないよう我慢すれば最終局面を3CB＋2DHで守れ、中央を陥れようとするミシャ式のコンビネーションを高確率でブロックできるので、WBが仕掛けるワイドのデコイも無視できます。

守備面ではミシャ式の罠をほぼ封じることができる一方、ミラーゲームである関係上、自らのカウンターや攻撃時にミシャチーム側のマークを1対1で受けやすく、自らも好機を作り出しづらくなります。この対策を採用した場合、じっと我慢の展開となりますが、前線の選手に質的優位を発揮できるタレント（単騎でもちこたえシュートできる外国人選手など）がいたり、セットプレーに強みを持っているチームはこのミラーゲーム方式を好んで用いていました。

最も効果的なのは①の方法でした。ミシャ式の多彩な攻撃は、煎じ詰めれば「局面毎に、相手に対し数的優位を得る」ことによって成立しています。そのため、その局面で行き詰まった場合、後方からさらに人数をかけて行き詰まりを打開しようとするのが常でした。①の方法であればそのような局面を作為しやすく、よってミシャチームをより前のめりにさせ、彼らがゴール前を守るために配する人数を削り取り、カウンターに対して極めて脆弱な状態に陥れ、勝利することが可能となります。

このような対策によって、ミシャ監督が退任した2011年シーズンには、攻撃局面で数的優位を過剰に追求する弱点を衝かれ失点が増加、その戦術は効果を大きく減じ、広島はJリーグ屈指の攻撃を展開する魅力的なチームであるにもかかわらず、「最後のところで勝ちきれずタイトルに手が届かない」というところで足踏みしていました。

チーム戦略の視点から――ミシャチームに施した森保監督の戦略的修正

森保監督は、2012年シーズン、ミシャ監督からチームを基本的な戦術、フォーメーションごと引き継ぎます。そこで彼が施した数々の修正は、カタールW杯の戦いにつながる戦略眼や作戦観を感じさせるものでした。
外部から観測可能な、戦略家としての特徴を以下に挙げます。

(1) 問題の特定(何が弱みか)と改善
(2) 特徴、独自性の認識(何が強みか)
(3) 「最低限求められる競争力」の客観的定義(競争基盤の明確化)
(4) (1)～(3)を統合して「勝利する可能性の高い戦略的枠組み」を組み立てる
(5) 「戦略的枠組み」の中で、中長期的な上積みとする要素を設定、発展させる

これらの要素は森保監督のチーム作り、チーム運用の特徴として日本代表監督就任後も、カタールW杯本戦でも揺るぎなく追求されていきます。本書は、成功も失敗も含め、それがいかに表現されてきたか、つぶさに追っていきます。それとともに日本のサッカー史の中で、世界のサッカー潮流の中で、その仕事がどのように位置づけられるかも総括していきますが、まずはそういった森保監督のアプローチが、具体的にミシャチームをどのように変化させ、勝てるチームに変えていったのか。見ていきましょう。

問題の特定と改善——ミシャサッカーの弱みをどう改善したか

森保監督率いるサンフレッチェ広島は、就任一年目の2012年、2013年、そして2015年と、都合3度のJリーグ制覇を果たしています。二連覇を成し遂げた2013年シーズンには、リーグ戦全34試合でわずか29失点という高い守備力を発揮(2012年も34失点でリーグ2位の少なさ)。森保監督が引き継ぐ前年、2011年のミシャ監督最終シーズンは49失点を喫しています(2013年、ミシャ監督の浦和レッズは56失点)。

同じような戦術を用いているのに、広島はなぜこれほど失点を抑えることができているのか? 森保監督の戦術的な整備・修正の実相を検分し、彼のチームが、母体であるはずのミシャ監督のチームとほぼ真逆の志向に分離していることを明らかにしてみましょう。そこから、彼の戦略眼、「勝利する可能性の高い戦略的枠組み」を作り上げていく手腕がみえてきます。

森保監督就任後、改善された広島の守備のカギを握ったのは、まず第一に、シャドーを担う選手の仕事でした。ミシャ監督時代は、シャドーはアタッカー。多くの時間帯で相手最終ラインをうかがうため、攻守の切替時、サイド守備への効率的・恒常的参加が困難となりますが、最終局面での数的優位形成に基づくコンビネーションアタックが非常に重要視されている関係上、それは許容されていました。対して森保広島では、シャドーは攻撃・守備両面に参加可能なポジショニング、タスクを求められています。シャドーというよりはインサイドハーフ（以下、IH）というべきでしょう。この修正が、広島の中盤守備にバランスをもたらしました。守勢転移時に前線〜ハーフウェーライン間のエリアでシャドー（IH）が守備に積極的に関与できるため、金床役（相手ボールの動きの頭をおさえる）となるDHと連携しやすくなり、最悪でも相手の攻撃を遅らせる守備が多くの局面でできるようになっているのです。重要なのは、この仕事が復原的に成立すれば、中央や逆サイドのスペースにおいてチームとして見ておく距離的・時間的余裕を生み出すことができ、相手のカウンターに効果的な対応を行えることでした。ポジションとタスクのバランスを見直すことで、ミシャチームではしばしば失陥していたスペースを管理することができるようになったといえます。実際、森保広島ではミシャ時代に比して単純に失点が減っているだけではなく、攻撃を受ける機会そのものを減らすことができていました。

相手にボールを奪われ、サイドへの誘導・閉塞もできず、相手に前向きでボールを保持された場合、広島は自陣へ撤退して5バック化し守備ブロックを固めます。このシチュエーションでは、ボールを失ってからの経過時間とゴールまでの距離（エリア、スペース）に応じた段階的撤退、タスク、戻るべきエリア、見るべきスペースがよく整理されていました。

森保監督は、それまでの広島が「強み」としていた「スペースを放棄するリスクを負って数的優位の形成を求める」ことを「弱み」と捉え、サッカーにおいて危険な状況・危険なスペースはどこか、いつ、どう見ておくべきかを強く考慮し、守備時のポジショニング、タスクに繰り返し可能なアクションとして反映する修正を行っています。それが失点を減らし、ゲーム内容を安定させることにつながっていたといえます。

特徴、独自性の認識――何が強みか？

「弱み」を消すことで「強み」も失ってしまうことは往々にしてありますが、森保広島はミシャ戦術の攻撃面の長所――ＤＦラインからのビルドアップ、多彩なパスワーク、切れ味鋭いカウンター、攻撃の最終局面で発揮されるコンビネーションなどは維持していました。森保監督の戦略家としての優秀性を感じるのはここで、「弱み」に思えるディティールを手当たり次第に修正していくのではなく、「弱み」と「強み」を天秤にかける構造的な要因を特定し、そこの修正に注力することで全体として得られるものを最大化し、失うものを最小化しています。ただの修正ではなく、戦略的な修正だというべきでしょう。

この「強み」と「弱み」のバランスを最適化する戦略的な修正によって、サンフレッチェ広島は「攻撃～ネガティブトランジション～守備～ポジティブトランジション（～攻撃）」のいわゆるサッカーの四局面を整合的、循環的、かつ攻守のバランス（均衡）を取れる形で実装できていました。

「最低限求められる競争力」の客観的定義（競争基盤の明確化）

戦略、作戦、戦術以前に、森保監督は個々の選手に「1対1で負けないプレー強度」「球際の強さ」を、チームに「高いインテンシティ」を強く求め続けていました。何よりもまずそこで最低でも相手と拮抗できないと、どんな戦略も戦術も意味を成さなくなる。それが現代サッカーだ、という認識のもと、「それらが十分なレベルに達していなければ、そもそも試合に起用しない」という大前提をチームに浸透させていました。彼の広島が単に「強い戦略」を組み立てられているだけではなく、それを意図通りに表現できていたのは、相手チームとの個別のぶつかりあい（デュエル）に負けないという出発点を徹底できていたことも大きかったと思われます。

「勝利する可能性の高い戦略的枠組み」の構築——森保広島の堅牢なゲームモデル

広島のゲーム開始時のフォーメーションは［3－4－2－1］（図1－5）。1CF＋2シャドーの3バックシステムです。ボール保持時（攻撃時）にはWBを高く押し出しDHの1枚（森﨑和幸）がDFラインに落ちる［4－1－5］（［4－3－3］）に、ボール非保持時（守備時）にはWBを自陣に引かせて［4－3－3］～［5－4－1］と変化します。

広島はボール保持時、低い位置——しばしば自陣深くに引いているDFラインもしくはその前で、アンカー（青山敏弘）を軸にしたポゼッションを行います。青山と、ミドルゾーンまで入れ替わり立ち替わり下りてくるCFとシャドーの動きで、このエリアの守備に関わってくる相手のFWとDHなどのポジショニングを動かします（図1－6）。相手DHを動かして生まれたスペースにCFもしくはシャドーが入ることで、広島の攻撃は始まります。ボール奪取後、ポジティブトランジション時もこれは同じ。青山を経由して、このスペースに入った選手にパスを付け、CF・シャドー・青山のコンビネーションで中央でボールを前進させます。青山を囮に使い、DFラインからのパスコースを得てCF・シャドーに付けるパターンもあります。中央に作られたスペースを自由に使われることは危険な状況なので、相手はここに選手を動かして広島のプレーを阻害しようとします。すると、

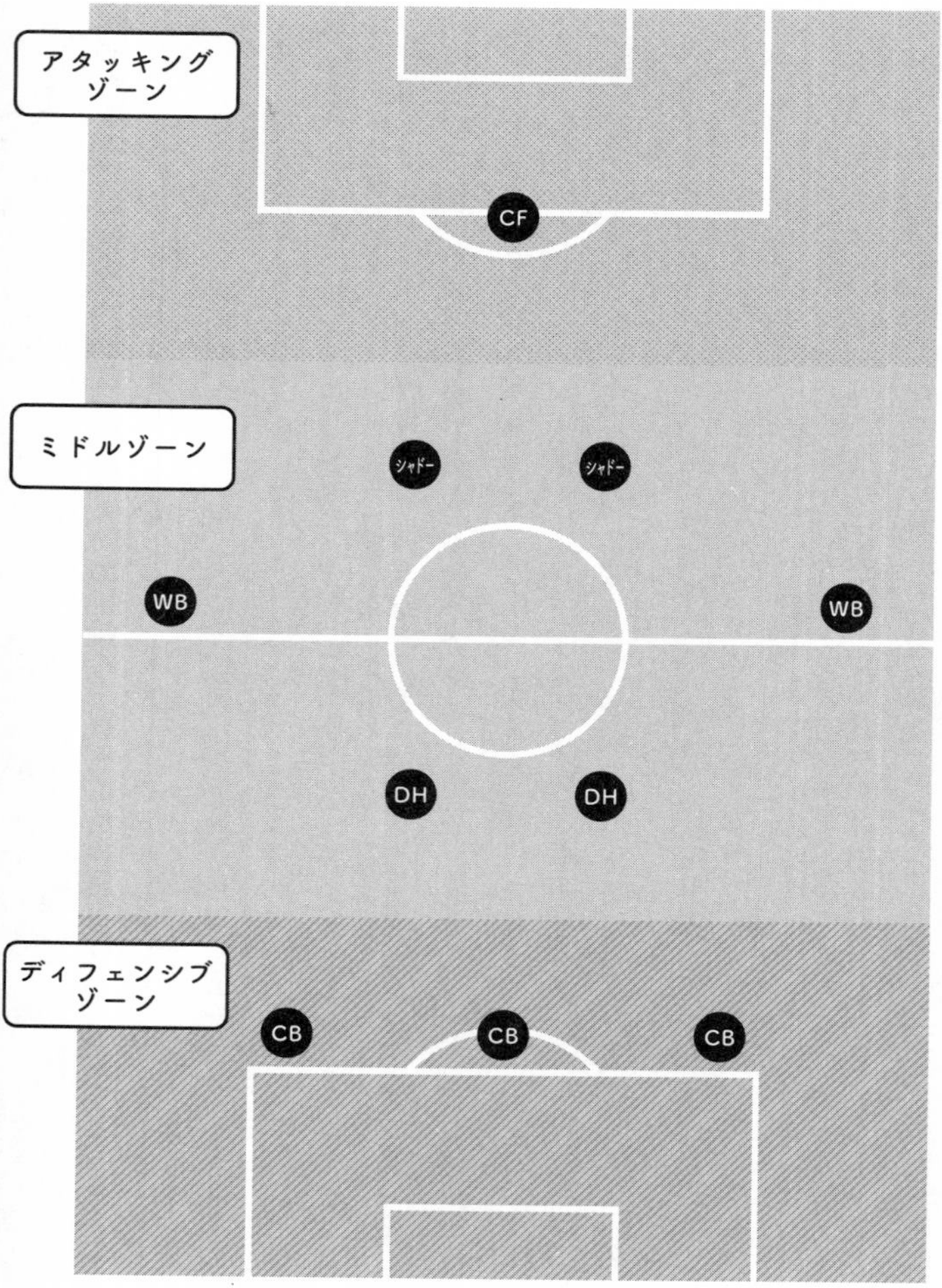

図1－5　森保広島の基本布陣

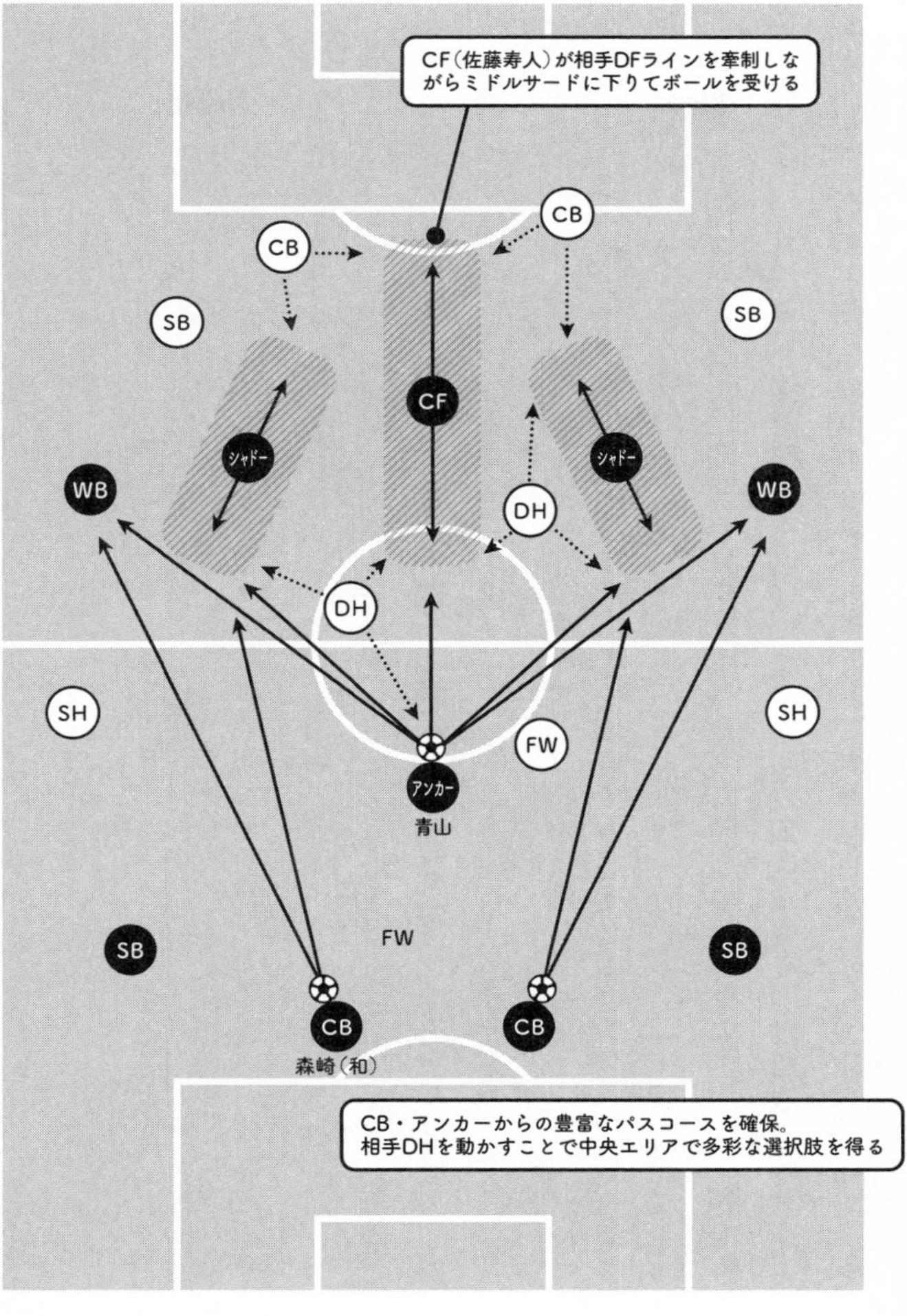

図1－6　森保広島の攻撃パターン

ワイドにポジションするWBがフリーになるので、その場合はCF・シャドーに付けると見せかけて青山から、またはDFラインからWBに直接出します。いずれの場合も、ワンタッチか少ないボールタッチで行う。相手の守備がワイドを消そうとしている場合はボールは縦（中央）に、中央を締めようとしている場合は深い角度でワイドに出されます。

このポゼッションプレーが森保広島の戦略で非常に重要なのは、ミドルゾーンを起点にプレーされる（相手を押し込んではいない状態）ため、相手ゴール方向にスペースとコースがあるから。そこに速いタイミングとパススピードで展開されるので、相手の守備組織、ことにDFラインは背走状態になります。これは擬似的なカウンター状態といえます。この状況を作り出すことが、広島のローラインポゼッション、ミドルサードで展開されるオフザボールのコンビネーションの一番の狙いです。

この擬似カウンター状態を得たうえで、高い位置でWGとして振る舞うWBを使ってのサイドからのパターン攻撃で得点を狙います。

1CF・2シャドーのコンビネーションによる中央突破もありますが、カットされた場合のリスクが大きいため優先順位は低。WBはアンカーからの角度のあるパスを裏へ走りながら受けたり、DFラインから直接パスを受けます。同じくアンカー・DFラインから縦パスを受ける中央の3枚と連携し、そこからの展開を引き取るパターンもあります。単騎及びCF・シャドーとのパス交換からサイド突破してクロス、縦突破からボックス脇から侵入してクロス、ハーフスペース横断のカットインからのコンビネーションプレー、シュートといったパターンがあります。

こういった森保広島のパターンプレーには、シンプルかつ重要な狙いがあります。相手DFを背走させたうえで、サイドから攻めることでボックスに中央から侵入するCF・シャドーへの視野を奪うこと、その状況を利用して、CF・シャドーが相手DFをはずす、逆を取れるポジショニングを行ってフィニッシュを行うことです。このアクションに特に優れる佐藤寿人がこのチームで得点を量産できたり、決定的な得点を多く重ねられた大きな理由でもあります。これら攻撃時（ボール保持時）のパターンプレー、プレー構造は、ミシャ戦術の長所をそのまま移植できていることも特筆すべき特徴でしょう。

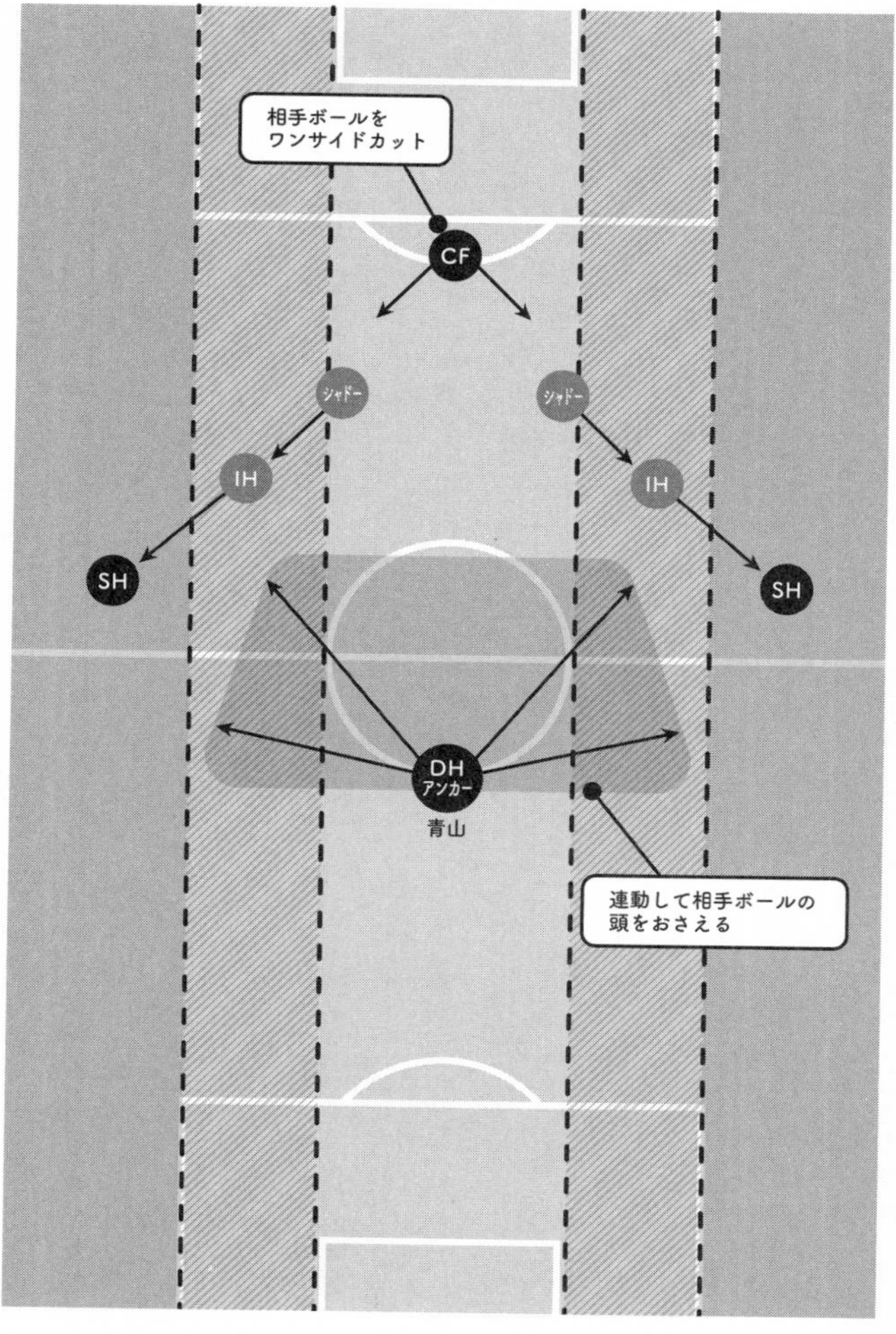

図1－7　森保広島のボール喪失時の動き

ボールを失うと、シャドーはアタッカーとしてではなくインサイドハーフ（ＩＨ）・サイドハーフ（ＳＨ）として振る舞います。相手ボールの動きの頭を抑える金床役として進出してくるアンカー（青山）と連携して、中央↓ハーフスペース↓サイドへと段階的に移動、それらエリアの蓋をしに走ります（図1－7）。前線から前向きに相手のポゼッションに対するプレッシングを選択することもありますが、主要なものではなく基本はディレイからのリトリート。中央を固めながら自陣へ引き、マーカーを捨ててでも早めに裏を消しにまっすぐ走って戻るＣＢ、ＷＢ（ＤＦライン）と連携した守備アクションにつなげていきます。高い位置やミドルゾーンでボールを奪い切ることは、森保広島にとっては可能ならばそうするというもの。人数はかけずに相手の攻撃を遅らせ、チーム全体が素早く帰陣する時間、もっとも危険な中央とＤＦライン裏のスペースを消す時間を得ることが主目的になっていました。

リトリート陣形セット時は、ＤＦラインから上がってきた森崎和と青山の2ＤＨの両サイドにＳＨを配し、4枚のＭＦで構成される守備ラインを中盤にひきます（図1－8）。セットした場合もＭＦラインで無理に奪いにいかず、中央の縦パスを切ることを最優先し、ボールホルダーの前に出た選手のカバーリングを維持。背後のＤＦラインとの連携を重要視

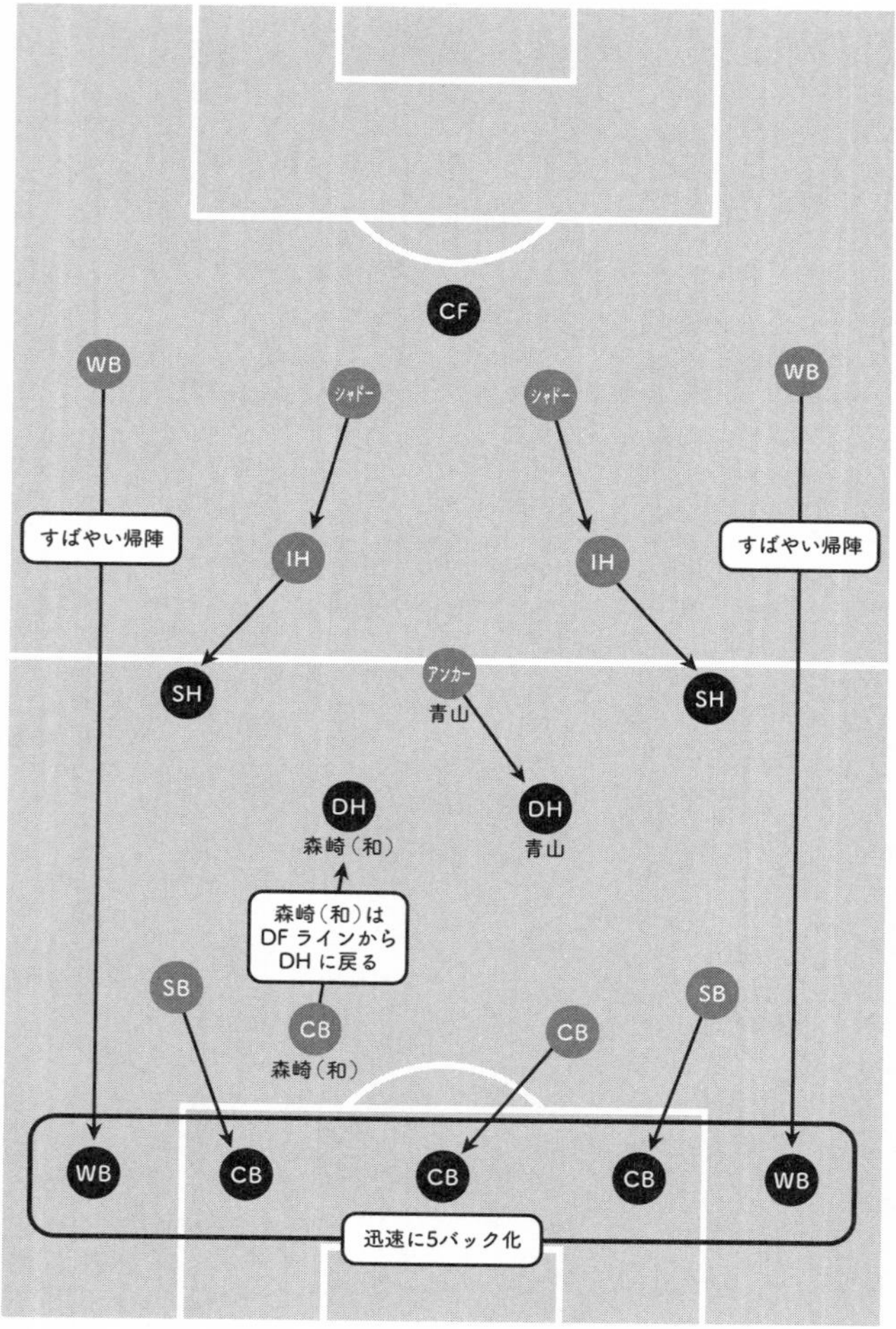

図1－8　森保広島のリトリート時の布陣

しています。ボール喪失後のアクションがリトリートで徹底されているのでプレー選択がシンプルになること、さらに状況判断力に優れるDH（森崎和）がいることで、状況の多彩な変化に対して即応できるようになっていて、他のDFの動きや選択肢をさらにシンプルにし、果たすべき役割に集中できる（強度を上げられる）戦術的な状況を提供しています。そのため、相手の攻撃をDFラインの視野内に収めておくこと、左右に振られても中央を、CB間やCB～WB間のギャップを閉じきっておくことができていて、これらボール喪失後の一連の組織だった動きが徹底されていたことが、森保広島の失点の少なさの主要因でした。

セットしたMFラインの裏（背中側）に入ったボールはCBが積極的に前に出て潰す、奪い切ることになっています。この連携、アクションは森保広島のゲームモデルの中で最重要のもののひとつです。リトリートの陣形が整わない状況で、アンカーのいないバイタルエリアのスペースにボールを入れられた場合も同じで、CBのこの縦進出で相手の攻撃を終わらせることが非常に重要な狙いになっています。ただ奪うだけではなく、そこからダイレクトなカウンターを発動する手筋が非常に組織化していて、森保広島の大きな得点源になっていたからです。この手筋はボール保持時の項で記した、青山とCF・シャドー／

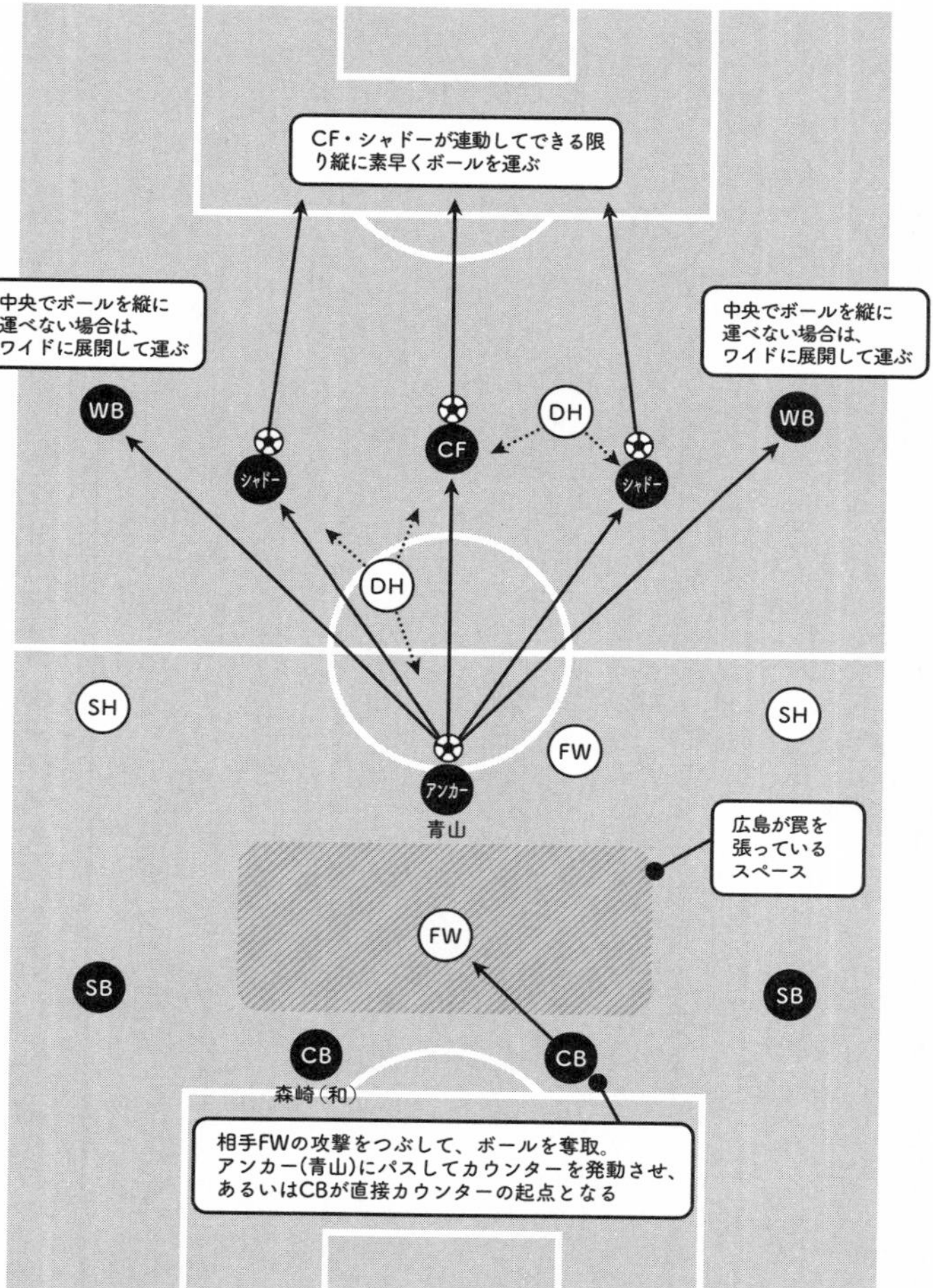

図1－9　森保広島のロングカウンター

インサイドハーフの動きを応用したものでもあります(図1-9)。

つまり森保広島ではポゼッション時の崩しのアクションと、カウンター時(しかも自陣深い位置から!)のそれが同じ構造をもっているということを意味しています。この構造は極めて再現性の高いもので、しかも守備時のアクション、約束事も含んでいます。守備の上では堅実で、攻撃の上でも相手を意図して動かし得点するパターンプレーをもつ。サッカーの本質である各要素が結びついたうえで、循環するようにできているのです。こういったチームが勝ち点を安定して獲得していけたのは当然ですし、リーグ制覇を勝ち取れたのもまた理に適った事象だったといえるでしょう。

中長期的な上積みとする要素——選手の特徴、自発性を活かす指導方針

また、この時期すでに「選手の自発性」をうながすチームマネージメントを意識的に行っているふしが見られます。対戦相手の分析などから得られる情報を選手たちに落とし込む濃度を工夫して「言われたことをやる」のではない環境を作り出したり、選手一人一人に対するプレー面での評価だけではなく細かなコミュニケーションを通じて特徴やパーソナリティを把握し、それらを発揮しやすい用兵を行っています。「サッカーは自由なスポー

ッ。選手を縛りたくない」という観点から選手に自由を与え伸び伸びプレーさせたい――という日本では少なくない指導方針と異なるのは、その理想論の前にまず競技面で「戦略的に強い枠組み」を保有している点でしょう。「戦術」ではなく「戦略」という、より大きな枠組みにチームの強み、アイデンティティがあるため、選手たちがある程度自発的な判断で振る舞ってもチームプレーの安定性が壊れにくく、勝利の可能性が担保されるのです。「勝てる戦略」によって守られ、試行錯誤の猶予を前向きに与えられた選手たちが、様々な局面に自発的に対応していく経験を積み、チームの計画や指示を待つことなく正しい判断を下《くだ》せるようになること――それが、「勝てる戦略」にさらにプラスされ、中長期的に継続される勝利の基盤に発展していく、という目論見がそこにはあります。

サンフレッチェ広島時代の「森保戦略」特徴のまとめ

本章最後に、森保監督がフォーカスしている戦略的要素、それが実際にどのような形で広島というチームでは表現されていたかをまとめます。

(1) 問題の特定 (何が弱みか) と改善

（2）特徴、独自性の認識（何が強みか）
（3）「最低限求められる競争力」の客観的定義（競争基盤の明確化）
（4）（1）〜（3）を統合して「勝利する可能性の高い戦略的枠組み」を組み立てる
（5）「戦略的枠組み」の中で、中長期的な上積みとする要素を設定、発展させる

↓

（1）攻撃偏重、数的優位偏重によってチームのバランスを失っている。そこに手を加え、バランスの取れた戦術を採用
（2）可変システムによる状況への適応性、長短のパスワーク、サイドと中央のアタッカーのクオリティ
（3）デュエル（1対1）の強さと、高いインテンシティ（チームとして求められるものを連続的に遂行し続ける強度、能力）
（4）本章で検討したゲームモデル
（5）勝利の可能性の高い戦略的枠組みの中で、選手・スタッフとの対話、データの共有

方法などを工夫。選手の特徴や自発性を活かし、変化に適応しやすいチーム指導、運用を行う

こういったアプローチによる修正によって、サンフレッチェ広島は戦略的安定性をもつゲームモデル（チーム戦略）、チーム力を手にしました。そのゲームモデルは広島のサッカーにバランスだけではなく「復原性」をもたらし、戦略的に強い枠組みでリーグ戦を勝ちきっていく力を与えました。当時のＪリーグではそういう形ではほとんど意識されていませんでしたが、攻撃力を減殺しない形で均衡と復原性をチーム戦略、チーム戦術に与えられるよう組み立て、安定性と循環性の高いチームプレーで安定的に勝ち点を積み上げていく、という形それ自体は（ディティールはかなり違えども）、実は当時（２０１０年代）の世界サッカーの潮流に沿うものでもありました。それゆえに戦略的な優位性を長期間（２０１２〜２０１７年）にわたって保てていた可能性があります。

その一方で、森保チームには、ベースとしていたミシャチームのやり方にも起因する、同時代の現代サッカー諸潮流の中でもとりわけ重要な点が明らかに不足している点がありました。トランジション対応がディレイとリトリート中心で、カウンタープレスを機能さ

せられず、5バックで撤退することしかできなかったのです。「撤退時」の組織力、1対1（デュエル）やハードワークで守り切っていました。

次章では、2000年代～2010年代に至る現代サッカーの潮流を振り返りつつ、2012～2017年の森保戦略、森保チームに欠けていたものを明らかにし、世界的潮流の中の日本サッカーの位置づけ、森保サッカーの位置づけを試みます。先取りして言えば、カタールW杯の日本代表チームは、その「欠けていたもの」を一定程度獲得することに成功しました。それはグループステージでドイツ代表、スペイン代表に勝利する主要因のひとつともなりましたが、「それでもなお欠けていたもの」が、森保ジャパンのベスト8進出を阻むことにもなったのです。

第2章

現代サッカーと森保サッカー

現代サッカーの爆発的発展——2000年代〜2010年代、最前線の概況

2000年代（日韓W杯）前後から、現代サッカーは大きく発展しました。フィジカルの強靱化、走力の向上などによって「サッカー選手のアスリート化」が進み、ゲームがスピードアップ、テンポアップの様相を見せていきます。それに伴い、カウンター、ショートカウンター、ゴールに真っ直ぐ向かうダイレクトプレーの重要性が取り沙汰されるようになり、「ポゼッションか、カウンターか」「攻撃的か、守備的か」といった、二項対立的な問いの立て方が少しずつ意味を失っていく時節が到来。そこに現れたのが、ジョゼ・モウリーニョでした。2004年、ヨーロッパの最前線から長らく遠ざかっていたFCポルトを率いてUEFAチャンピオンズリーグを制するというインパクト抜群の仕方でトップシーンに登場すると、2004年にはイングランドプレミアリーグ、チェルシーFCに乗り込み、初年度でフットボールの母国を制しました。

モウリーニョのサッカーは非常にインテンシティ高くスピーディで、強度の高い守備から走力とフィジカルを兼ね備えたアタッカーたちが長駆敵陣を陥れるダイナミックなアクションを、再現性高く繰り返すものでした。「アフリカ系選手の走力とフィジカルに頼った、古めかしいカウンターサッカー」という批判を当時各方面から浴びていましたが、チ

ームとして求められる戦術的なアクションを攻守にわたって連続して遂行できる戦術的インテンシティの高さ、ゾーンDFの戦術的規律を高いレベルで保ちつつも、人に厳しくアプローチして相手から自由を奪う、チームとしてのデュエルの強さ。スピーディでパワフル、テクニカルでもある鋭いアタック、そして相手よりも素早く「次の局面」に移行するチームプレー。守備↓ポジティブトランジション↓攻撃↓ネガティブトランジションという四つの局面を高速かつ強度高く循環させて相手を制圧する戦略レベル、ゲームモデルレベルでの優位性がそこでは具現化されていました。「堅い守備からのカウンターという同じやり方を繰り返しているだけではないか」と非難しがちなライバルたちが、その「同じやり方」で何度もやられてしまう事実それ自体が、モウリーニョの戦略的優位性を証立てていたといえます。

そのモウリーニョが、戦術的ピリオイダゼーションと呼ばれるトレーニング理論、トレーニングメソッドを用いていたことから、彼のチームのように、サッカーを構成する全局面をインテンシティ高く、しかも再現性高く戦術的にプレーするためには単に「うまい選手、強い選手を揃える」だけではダメで、そのようなサッカーをプレーするための特別な枠組みや理論、サッカー固有の条件に適合するトレーニングが必要なのだと広く認識されるようになっていきます。21世紀初頭、サッカーはますます速く、強く、タフになっていきました。

そして2008年、ジョゼップ・グアルディオラのFCバルセロナが現代サッカー史に登場します。グアルディオラのチームは、モウリーニョ以前と以後の文脈をまるごと飲み込み、そのうえで「守備的なカウンターサッカー」ではなく、誰がどう見ても極めて攻撃的なサッカーを展開します。衝撃的だったのは、どの試合でも60％以上、70％に近く、時には80％に迫るボール保持率を維持し攻撃し続けながらも、ほとんど失点しない＝守備力も非常に高い、というプレー内容でした。旧来、こういった志向――ボールを保持し攻撃することにこだわる――のチームは、攻撃に比重を置くあまり全体のバランスを崩す傾向があり、そこを相手チームに突かれカウンターを浴びたり、攻撃をする反面、攻撃も受けやすい状況に陥りがちでした。ちょうど、森保監督就任以前の、ミシャ・ペトロヴィッチ監督時代のサンフレッチェ広島のように。

グアルディオラのバルセロナは、過去のそれとは全く違った超攻撃的チームでした。重要なのは「華麗なパスワーク」でも「相手にボールを渡さないボールポゼッション」でも「スーパーな攻撃陣による大量得点」でもなく、ボールを失った瞬間、その近くにポジションする選手たちが猛烈な勢いで相手ボールホルダーにプレッシングを仕掛け、あっという間に取り返してしまう守備のやり方でした。このカウンタープレスをチームとして意図的かつ組織的に繰り返し行い、またその多くを成功させることにより、バルセロナは攻撃を受ける機会そのものを減らすだけではなく、そこから自分たちの強みであるボールポゼッションに即座に移行し、攻撃機会をも増やします。ボールを即時奪回する能力を身につけることにより、攻撃力をさらに強め、「そもそも攻撃を受けない」という形で守備力も同時に、(リーグ最少失点を記録するレベルで)高めているのです。

同じ方向性を志向していた前任者のライカールト監督のチーム同様、この考え方、やり方は「ポジショナルプレー」と呼ばれ、1970年代にリヌス・ミケルスとヨハン・クライフがオランダで作り上げ、バルセロナに持ち込んだ〝トータルフットボール〟を基盤としています。クライフの時代は、この戦術を実行できるクオリティや走力、複数のポジションをこなせる戦術的な能力をもった選手の絶対数が不足していたり、コーチングメソッドの相対的な特殊性などから、実施可能なチーム、グループ、期間が非常に限られていました。ライカールトの時代もまた、必要なインテンシティの維持とパフォーマンスの安定化に困難を抱えていました。グアルディオラは、斬新なアイディアと体系化されたコーチングメソッドで戦術、目指すサッカーの構造的理解をチームに浸透させる一方、モウリーニョ登場前後まで蓄積されてきた様々な知見を広汎に活用することで、自身の求める高度に戦術的なハイパフォーマンスを、継続して実施可能なチームを作り上げました。特に、彼の構想の中核をなす「失ったボールの即時奪回を試合を通じて繰り返す」爆発的なショートスプリントを繰り返し行えるアスリートとしての能力を多くの選手が備える、あるいはそのようなインテンシティを要求される環境に適応可能なプロフットボーラーが一般的になってきたという状況を的確に捉え、モウリーニョとは違った形でチームにインプリントしたことは重要でした。そこには、現代サッカーにとってより重要な構想が潜んでいたからです。

均衡を維持せよ——ポジショナルプレーのメッセージ

グアルディオラのチームがボールを取り返す瞬間、1人のボールホルダーに対して2人、3人と襲いかかります。そのため、「数的優位を作ること」が最も重要のように感じられますが実はそうではありません。詳細は後述しますが、サッカーは非常に広大なスペースを10人のフィールドプレイヤーで守り攻める必要があるボールゲームです。どこかに人を集めてしまうと、必ずどこかががら空きになる。そのがら空きになったスペースを相手に攻められる。「数的優位を作ること」にこだわっていると、どこかで「数的劣位」を受け入れざるを得なくなり、大きな危険を招いてしまいます。

このような事態を避けつつ、それでも「ボールを失った瞬間に、ボールホルダーに対し数的優位を作ってカウンタープレスを行う」にはどうすれば良いか。ピッチのどこでも、必要な時に集まっては散ることができる——いつでもそれができる状態をチームが保っていることが重要になります。それはすなわち選手たちがピッチに散開している、互いに連携をとり支援し合える距離に散らばっている状態。広大なピッチに10人の選手が文字通り散らばり、個々の選手が見た目上は「孤立」しているが、内部的には求められる戦術と規律でつながっている。そんな数的均衡状態を作り、保つことが必要になるということです。この状態はもとより「チーム全体でパスを回し、前進しやすい陣形」としてバルセロナの、トータルフットボールの伝統に書込まれているもの。攻撃に効果的な布陣がそのまま守備時にも有効になるという設計で、グアルディオラはこれらをつなぐ「攻撃から守備への状況遷移（ネガティブトランジション）」「守備から攻撃への状況遷移（ポジティブトランジション）」の局面に、モウリーニョ以後の現代サッカーが獲得した知見、人的リソースを効果的に適用し実践する方法を発見し、トータルフットボールという古典を見事に現代化したともいえます（図2－1）。

彼が具現化した「現代的ポジショナルプレー」は「アリゴ・サッキのACミラン以来」といわれる革命を起こし、プレーする者、指導する者、研究する者、観る者全てに「サッカー」の構造そのものを開示するようなものであることから、「サッカーとはいかなる〝ゲーム〟なのか？」という問い、言語化、研究と実践が進み、21世紀のサッカーはめざましく発展していくことになります。

「ゲーム」としてのサッカー――混沌を生むシステム

「サッカーとはいかなる〝ゲーム〟」なのでしょう。様々な観点、論点がありますが、ここでは「サッカーという〝ゲーム〟のゲームシステムはどのようなものか」「そのゲームシステムは、実際のピッチにどのようなプレー状況を出現させているか」という観点から考えてみます。

まず、ボールゲームとしてのおおまかな外形、条件設定をみてみましょう。全ての前提となるピッチの大きさは、縦105メートル横68メートルの平坦なフィールドです。その

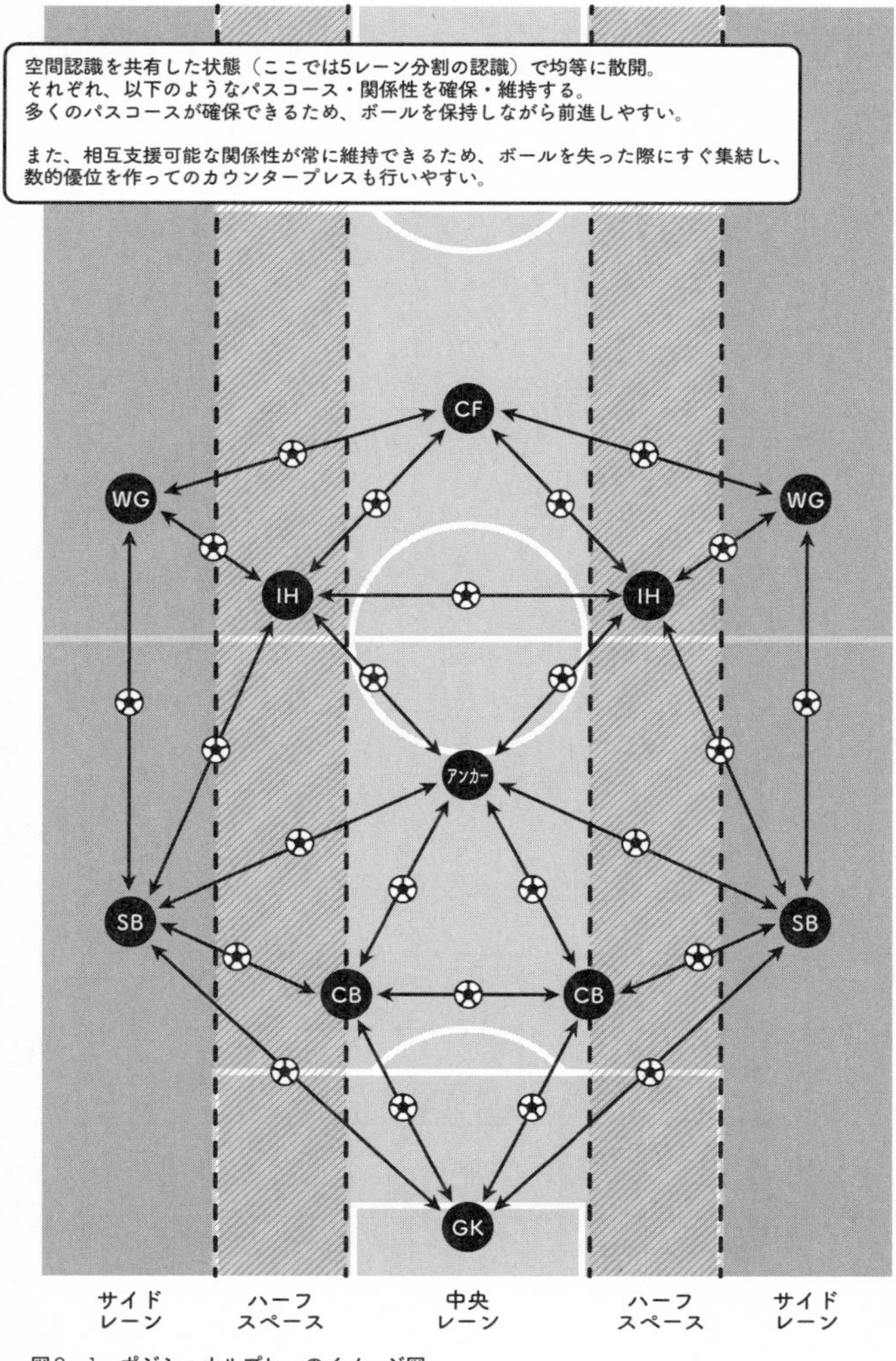
空間認識を共有した状態（ここでは5レーン分割の認識）で均等に散開。
それぞれ、以下のようなパスコース・関係性を確保・維持する。
多くのパスコースが確保できるため、ボールを保持しながら前進しやすい。
また、相互支援可能な関係性が常に維持できるため、ボールを失った際にすぐ集結し、
数的優位を作ってのカウンタープレスも行いやすい。
CF
WG
WG
IH
IH
アンカー
SB
SB
CB
CB
GK
サイド
レーン
ハーフ
スペース
中央
レーン
ハーフ
スペース
サイド
レーン

図2−1　ポジショナルプレーのイメージ図

フィールドで、2人のGK、20人のフィールドプレーヤーがひとつのボールを使って、ピッチの両端に設定されている相手のゴールに向かってプレーします。

他のゴール型ボールゲームと比較してみると、このフィールドは非常に広大かつ、プレーヤー人数に対し過大であるという、サッカーの空間的特異性がみえてきます。

加えて、足でボールを蹴ることから、手でパスを放る他のゲームに比してボールの移動速度が速く、ボールの移動距離も長短のバリエーションを自在につけることが可能。広大な空間をラグビーのようにボールを中心としたオフサイドラインで区切ることも、アメフトのように攻撃権ルールによるフェーズ分けで区切ることもなく、どの場所からどこにでもボールを送ってプレーの起点を形成できるため、プレーヤー一人当たりのカバーしなければならないスペースは広大で、一人一人に求められる走行距離も非常に長大となります（サッ

競技	ピッチサイズ	プレー人数（1チーム）	試合時間	平均的なプロレベルでの走行距離
サッカー	105m×68m	11人（フィールド10人）	90分（45分×2）	約11～12km
ラグビー	100m×約70m インゴールは含まない	15人	80分（40分×2）	約6km
アメリカンフットボール	109.73m×48.77m エンドゾーンまで含む	11人	60分（15分×4）	約2km
バスケットボール	28m×15m	5人（7人交代）	40分（10分×4）	約4.6km
ハンドボール	40m×20m	7人（コート6人）	60分（30分×2）	約5～6km

「ゴール型ボールゲーム」物理的要件の比較

カーに次いで長いラグビーの2倍)。

こういった空間的に規定される前提条件のうえに、ポジショニングやポジション移動、ボールの移動を含む「方向付け」の自由選択権がフィールドプレーヤー全てに与えられています。フィールドプレーヤーは、フィールド内、インプレーになる場所であればどこにポジショニングしても、どこからどこへ移動してもかまいません。ボールも、前後左右自陣敵陣どこへ蹴ってもかまいません。同じチーム内で協働し合わなければならない選手同士が、互いに相反する方向に長距離移動しても全く問題ありません。プレーヤー人数に対しフィールドの広さが過大であることが、「ゴールに向かう移動の戦略」の中であれば「異なるベクトル、異なる距離の運動が効果的に組み合わされる」=相手の視野、認知の攪乱に向かうようプレーすることの価値を高めるからです。

また、ゴール型ボールゲームにおける「ボール」は「それが「存在する場所」における攻防が勝敗の行方を左右する」=「そのような戦局のありかをマークするマーカー」の役目を果たすことから、サッカーにおいてこの「ボール」=「戦局を示すマーカー」があらゆる方向に、個々のプレーヤーの走力を超えるスピードで広範囲に移動するということは、「戦局」がそれほど流動的にスピーディに移動、変化するということでもあります。

こういった特徴のため、サッカーのゲームシステムは「混沌とした状況を連続して生み出す」ことにすぐれて特化したものになっています。そこでは、広大な空間に過少に散らばる参加者個々がそれぞれの主観内では全てを認識しきれない速度・領域・方向で事態が止まることなく進行し、その事態に対する個々の・グループの・チームの働きかけというフィードバック次第で、事態がさらに混沌を深めていくという状況が展開していきます。

それゆえ、このゲームでは「ゲームが表現する混沌状況に適応すること」が重要で、そのことによって混沌がもたらすデメリットを最小化し、自らの優位の作為につなげて勝利の確率を高めるメリットに転化することが重要である——現代的ポジショナルプレーは、そういう観点から「サッカーというゲームをよりよくプレーするため」発見された、ひとつの解釈、原則といえます。既に紹介したようにポジショナルプレーは、このゲームで取り得る方法（ポジショニングとその静的（幾何学的）な関連性、動的な関連性）を組織化することでピッチに均衡状態を作り上げ、その均衡状態から様々な状況にグループとして対応でき、またそれで崩れた均衡をいつでも回復して混沌に適応可能な状態に戻ることができる〝復原性〟をもたらします。

サッカーというゲームのシステム（ゲーム構造）、様々なゲームシステム要素の相互作用、混沌と均衡、復原性の価値——そういったものがこのゲームの根源的な特徴をあらわす重要なキーワードになる——それらをどう考えるか、どうとらえるか、対応するかが、このゲームをプレーするうえで敵に対して優位に立つために非常に重要になる、ということをグアルディオラの仕事と現代的ポジショナルプレーは示唆し、世界中の多くの人々が、（ポジショナルプレーにではなく）それに同意し、その文脈上で様々な概念、指導、分析、戦略、作戦、戦術、様々なレイヤーを構築する方法論、指標が陸続と生み出され、高速で発展を続けている——それが、現代のサッカーシーンだといえます。

様々なアプローチがうまれました。「混沌」ひとつとっても、それに柔軟に適応することで「混沌に適応しきれない相手」に対する戦略的な優位性を獲得しようというのがポジショナルプレーのアプローチで、既述のように現代サッカーの戦術・指導理論・フィジカル・アスリート能力などの発展、情報化やアカデミズムによって、極一部の限られたチーム、選手でないと実践できない理想論ではなく汎用性、具体性あるメソッドに、現代では練り上げられています。また、エコロジカルアプローチなど、ポジショナルプレーとそれを支えるコーチングメソッドとは異なったやり方で選手、グループ、チームの適応力を向上させようという考え方も存在感を増しています。

それに対し、シンプルに「混沌を管理下に置きやすい方法」を模索する古典的なアプローチも未だに有効性を失っていません。［4－4－2］のゾーンDFに基づくブロックDFや、そこからのプレッシングなど。それ自体は十分にコモディティ化しているため、指導、実施が容易である一方、攻略も容易であり、またサッカーというゲームで発生する多様な状況の限られた側面をコントロールできるのみ、という弱みもあります。一方で、マウリツィオ・サッリのSSCナポリなど、ポジショナルプレーの原理をベースにしながら、「古典的な混沌の管理方法」であるゾーンDFのブロックDFを組み合わせ、それぞれの短所を補いながらチームを作るというアプローチも存在します。逆に、それら「混沌」に直接タッチして適応なりコントロールしようとするアプローチではなく、「混沌が発生しやすいゲーム」という特徴そのものを主体的に活用して、自分たちが有利な形で「混沌」をあえて生み出し利用するというアプローチも生まれました。ユルゲン・クロップのボルシア・ドルトムント、リヴァプールFCなどのように、激烈なトランジションとカウンタープレスを連続させ「混沌を生み出し、混沌を制する」考え方です。

あえて大別するならば、サッカーのゲームシステムが不断にもたらす「混沌」に対する「サッカーというゲーム」に対する戦略的アプローチは、以下の3つに集約できるかもしれません。

- 混沌に「適応」する
- 混沌を「コントロール」する（起きないようにする）
- 混沌を「誘発」する

こういった大まかな傾向の中で、それぞれのチームがそれぞれの事情（利用できるリソースなど）、立ち位置（リーグや国際レベルでのヒエラルキー上の）、狙いに応じた組み合わせを行い、各々なりの最適解を模索しています。

森保サッカーに内在する「混沌」への視角

そういった現代サッカーの流れを踏まえて、森保監督の仕事をここで眺め返してみます。

ミシャ・サッカーは、改めてユニークなサッカーでした。混沌に適応しようとも、コントロールしようとも、混沌を意図的に誘発しようとも計画していないサッカー、ある意味、混沌を利用しようというアプローチだったかもしれませんが、グアルディオラ以降のそれのように戦略的、作戦的に自分たちが有利に活用できるようなルート、やり方で混沌を作為しそのメリットを一方的に受容しようというようなものではなく、サッカーというゲームがもたらす混沌に、無防備に浸かり、相手も浸からせ、数的優位という武器で切り抜けようというサッカーだったといえます。いわば、肉を切らせて骨を断つというような面がありました。

そのミシャサッカーに対し、森保監督は、「骨は断つが肉は切らせない」という修正を試みたといえます。結果として、ミシャ時代よりも静的な――数的優位を作るための偏差を得るべく、ポジションを動的に変更したり集散させたりすることを否定しないまでも常態としない――可変フォーメーションサッカーに落ち着きます。それで獲得されたのは、イタリア人が「エクイリブリオ」と呼ぶような意味での（静的な）均衡でした。森保監督が「1対1で負けないこと」を客観的な価値判断の基準にしたのは、結果として彼のチームが個々のタスクエリアに分散し見た目上相互に孤立した均衡配置となるため、一人一人が球際で負けないことがチームの骨格を維持するための基本的な条件となったからでしょう（ハリルホジッチの戦術的デュエルの考え方に近いものがあります）。

世界が、特にヨーロッパサッカーのトップシーン、トップシーンに追随するセカンドグループ、中堅リーグなどが、モウリーニョ～グアルディオラ登場以降爆発的に発展していったのに比して、日本サッカーはよく言えばユニーク、悪く言えばガラパゴス化というような状態にありました。森保広島はその中でも特異なポジションを占め、それゆえに戦略的優位性を獲得して勝利を重ねたといえます。

森保広島のサッカーを2010年代の国際的な文脈の中に置くと、均衡を志向することでシーズンスパンの戦略的優位性を得ようとする、「客観的に必要とされる競争力の基盤の定義（インテンシティ、デュエルで負けない）」＋「勝てる可能性の高い戦略的枠組み」の中で、選手の自発性、自由意志を発揮させることで、サッカーの本質である混沌を織りなす「状況の変化」に対応をうながし、その両輪で勝利を目指す――そういう風に見るならば、当時の世界の方向性と軌を一にするところはある、といえるかもしれません。

かといって「森保は広島でポジショナルプレーなど最前線の戦術を先行的に実践していた？」ととるのは早計です。森保広島は既述の通り、ディレイとリトリート中心の守備しか実践できず、ハイプレス、ミドルプレス、カウンタープレスでボールを奪うことが不得手で、現代サッカー的な意味でのトランジションで求められるプレー、優位性が事実上存在しないようなチームで、それが大きな弱みになっていました。日本サッカー自体がそうだったように、森保広島もまた、国際的な水準からみれば「特異」なチームだったといえます。

とはいえ、ロシアW杯後、森保監督が日本代表を率いる流れとなったのは、彼の実績を考えると当然でした。就任時期直近の日本人監督としてはダントツの成績（3度のJ1リーグ優勝）を収めていましたから。

問題は大きく分けて二つありました。広島時代の戦略家としての特徴（サッカーの特質に対するアプローチ）、指導者としての特徴（「勝てる大枠」「競争力の最低限の基盤」「選手の自発性を促す」）を、代表チームのレギュレーション下（毎日指導できるクラブチームとは大きく違う）でも発揮できるのか。ハイプレス、カウンタープレス、トランジションサッカーが実施できないとそもそも話にならないという現代サッカーの競争環境の中で、そこを長期にわたって指導できなかった、という弱点を克服できるのか。

カタール大会本戦に向け森保ジャパンはこういった問題にどう対処していったのか、そして最終的に現代サッカーの主要な戦略アプローチ――適応・コントロール・誘発――のいずれを選択し、どのように実践したのか――次章以降、カタールW杯に向けた森保ジャパンの強化プロセスを振り返りながら、検証していきます。

第3章

日本代表監督・森保一（1）

——チームの立ち上げ～アジアカップ

ハリルホジッチ、西野を引き継いで

2018年FIFAワールドカップ・ロシア大会は、大会直前のヴァイッド・ハリルホジッチ監督解任という激震を経て、技術委員長だった西野朗が代表監督に急遽就任。森保はヘッドコーチとして本大会に帯同し、西野監督を支えました。ロシア大会では、今回と同様ベスト8（準々決勝）進出を必達目標としていましたが、ラウンド16でベルギー代表の前に後半アディショナルタイムのカウンターで屈したのは記憶に新しいところ。西野監督が「選手たちに意見を出させ、自由に判断させる」ことによって限られた時間内でチームをまとめていったことを森保は印象深く回顧しており、そのことが代表監督就任後のチーム作りに反映されていることを示唆しています。ともあれ西野監督のチームは、急造だったからこそ、「（JFAの主張する）プレイヤーファーストで選手の自主性を尊重する」「数的優位の偏重が及ぼすデメリットを集団的走力で補填する」などそれぞれ良い面悪い面含めて日本サッカーの素の部分がよく現れたチームとなりました。

そのチームを引き継いだ森保監督は、育成、プロの現場含めた日本サッカー全体の現状及びロシア大会の内容・結果を受け、やはりベスト8進出がマストの目標となるカタール大会に向けてどのような方針を示すのか――初陣シリーズとなったコスタリカ代表戦、パナマ代表戦、そしてウルグアイ代表戦で、はからずもカタール大会に向かう道のりや、本戦において興味深い形で現れることになる、二つの戦略的相貌が示されました。ここではパナマ代表戦、ウルグアイ代表戦の分析・概論を通じて、その「二つの相貌」の萌芽を確認してみたいと思います。

パナマ代表戦——可変システム・戦略的なスペースメイク・ボール支配

パナマ代表の基本的な配置は［4－4－2］～［4－3－3］（図3－1）。ボール非保持時は［4－4－2］でブロックを組み、2トップは中央に陣取り縦パスを阻害し、ボールサイドのSHを前に出して2トップ脇のスペースを消すという形。相手ボールの前進を許したらSHがMFラインに戻って［4－4－2］を形成します。SHが前に出ることでDH～SB～SHの間にスペースが生まれますが、そこを使われる場合はSBが前に出て縦を切ったり、裏を狙おうとする相手に付いていきます。CBはできるだけボックス内（中央）に留まろうとするので、CB～SB間にギャップが生まれますが同サイドのDHや、戻ってきたSHがそこをカバーする意識が落とし込まれていました。2トップ

国際親善試合
2018年10月12日
デンカビッグスワンスタジアム（新潟）

日本－パナマ　3－0

南野　42′　伊東　65′　オウンゴール　85′

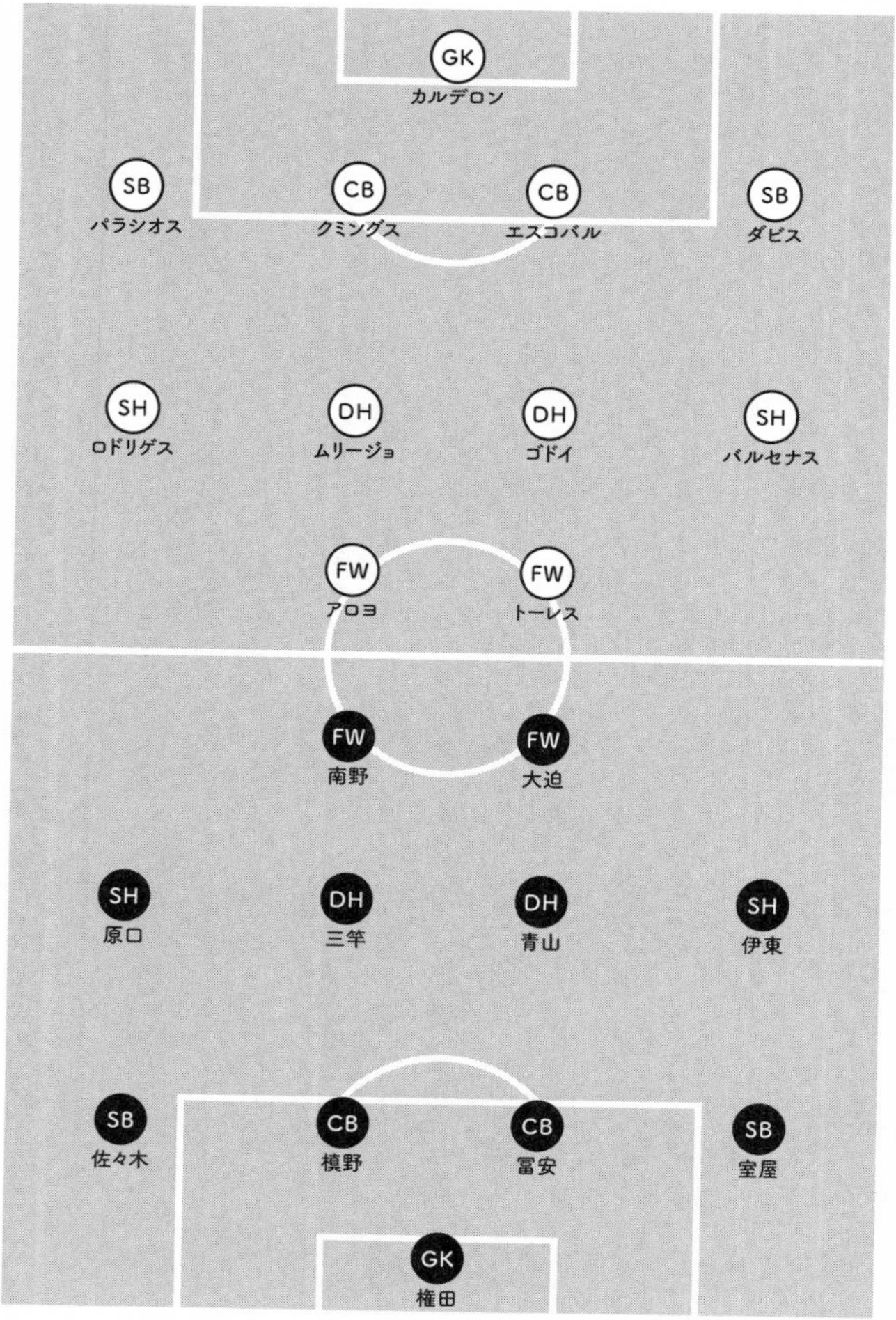

図3－1　パナマ戦の初期フォーメーション

のポジショニングからもわかるように、サイドに誘導してボールを奪い、DHを経由して逆サイドに展開してカウンターを狙うという、この形を採用するベーシックなタイプのチームでした。

対する日本の基本的な配置は［4－4－2］（［4－2－3－1］、［4－4－1－1］）。ボール保持時には青山敏弘か三竿健斗がCBの間に落ち3バックを形成。両SBを押し上げつつ、両ワイドの原口元気と伊東純也を内側に絞らせて「インサイドWG」として振る舞わせます（配置は［3－3－3－1］）。CFの大迫勇也、セカンドストライカーの南野拓実は中央からハーフスペース、サイドに動きつつ起点作りを行います。大迫、南野とインサイドWGの原口、伊東のタスクは、「攻撃面ではパナマのDFラインとMFラインの間にCBを引き付けるCF（大迫）を配し、そこで生まれたスペースに複数のアタッカー（南野、原口、伊東）が敵の中央4枚（2CB＋2DH）に対し局地的な数的優位や同数を作りつつ対応を強い、その対応に応じて生まれるDFラインのギャップやDHの担当エリアにできるスペースを活用する」という狙いがあります。これは［3－4－2－1］システムを用いていた森保広島で見られた、2シャドーが存在する3バックシステムで4バックの人的配置に対しマッチアップのズレ（ギャップ）が生じるよう人員とタスクを配置するやり方

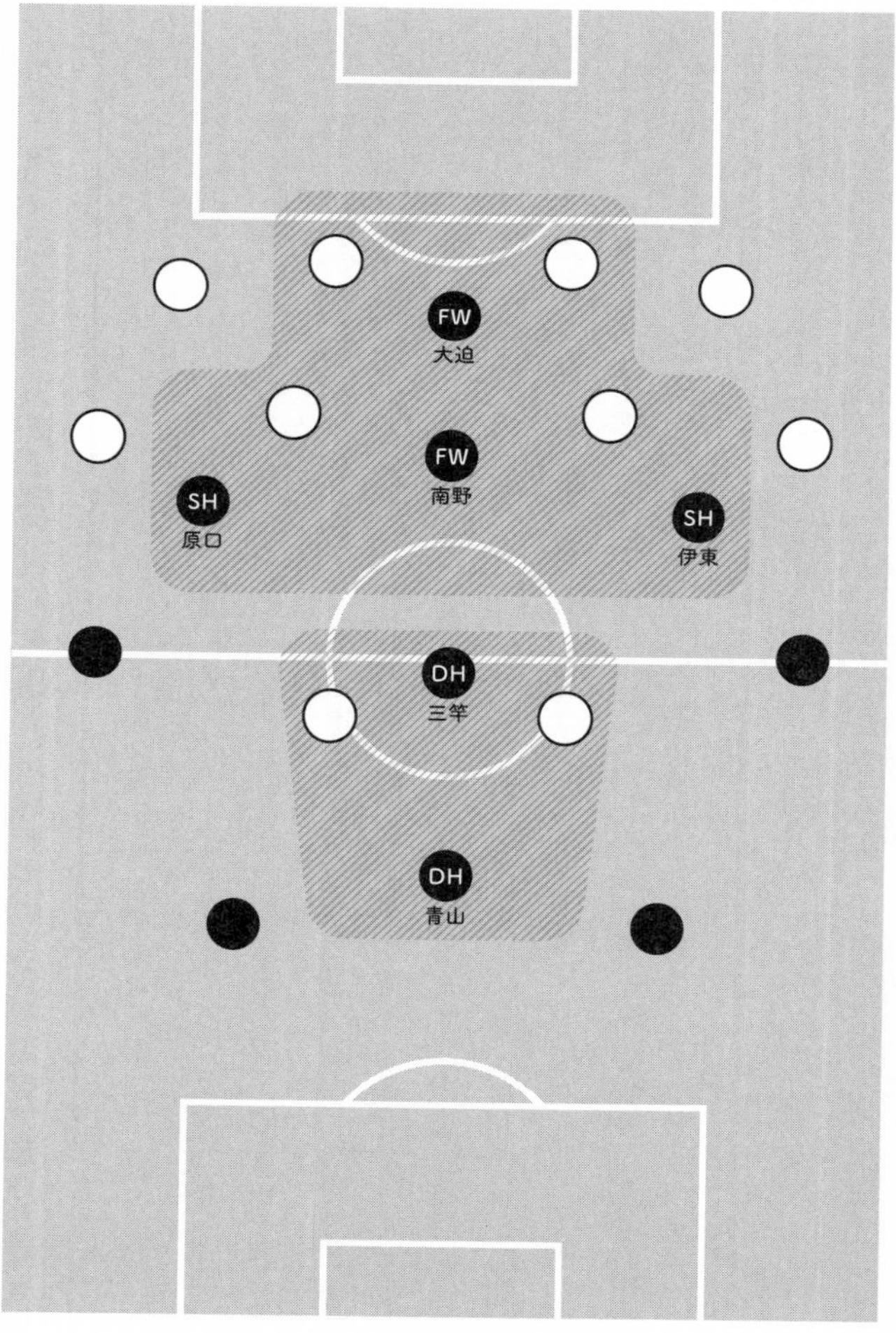

図3－2　パナマの［4－4－2］に［3－3－3－1］で臨み、マッチアップをズラす日本

の発展形です（図3－2）。CFと2シャドーの3枚のコンビネーションで2CBと2枚のDHのユニットに対し局面的な数的不均衡を生み出そうとしていた広島時代に対し、セカンドストライカー（この試合では南野）を加えることでより効果的にパナマの［4－4］ブロックに厳しい対応を強いることができるようになっていました。

この3バックビルドアップと前線配置の組み合わせはまた、アタッカーたちが直接DFラインを攻略する攻撃面だけではなく、守備側が中央に数的優位を作るには4枚の駒が必要なためベーシックな［4－4－2］システムを採らざるを得ない振る舞いを誘発させ、日本側がビルドアップ時に取っている配置上使いやすい・使いたいスペース（＝サイドエリアの空白）を組織的に生み出す仕組みにもなっていました。

ポスト役が1枚中盤に下りても日本のアタッカーが3枚残り2CBに対し数的優位を得ているので、4バックのゾーンで守っているパナマは中央でギャップを作られないよう両SBも含めて内側に絞ります。このことでパナマは中央のスペースを圧縮し、見た目上中央に両チームの選手が集中し渋滞するような形を得、青山からの縦パスが入っても日本のポストプレーヤーをDHが監視しやすく簡単には前を向けない、スペースも与えない状況を作ることができます。ですが、そのことで逆にパナマのDHとCBのユニットはその状態を維持せざるを得ず、両SBが中央エリアに〝ピン止め〟されてしまいました。前を締める2トップも青山と三竿の位置関係によってどちらを見るべきか判断を揺らされ、こちらも半ば〝ピン止め〟されています。4バックのゾーンディフェンスのセオリーを遂行しているのに、中央で自由に縦パスを出し入れしゲームメイクを行う青山を誰も消せない、という状況が生まれていました。さらに、日本のアタッカーたちのポジショニングでCBが行動の自由を奪われていること、青山が日本のDFラインからフリーで上がってくることからパナマのDFにとってはラインを上げるか下げるか、判断が難しい局面を作り出していました。このため、サイドにもDFライン裏にもスペースがある、しかも青山はフリーでパスをさばける、というパナマにとっては極めて危険な戦局が生まれていたのです。青山はすかさずがら空きのサイドを走る室屋に正確なパントパスを送り、パナマのDFライン裏を容易に攻略。パナマのCB、SBを日本のCF・2WGが追い越して誰にクロスを合わせても決定機、というチャンスを創出しました。相手が拠っているプレー構造（4バックのゾーンディフェンス）の性質を利用して、自らの人的配置によってその守備ブロック全体をピン止めしてしまい、自らの狙い（ワイドからの裏狙いと中央における数的優位・同数を活用したDFライン攻略）を遂行し崩すという、戦略的に優れたアプローチを採れていたといえます。

パナマ戦における戦略的な特徴はまだあります。中央に相手を絞らせる配置をしている関係上、サイドのルートが空きやすくなっています。そこでまずは押し上げたSBにボールを供給するのですが、前述した通りこのこと自体はパナマの［4－4－2］守備の狙いにも合致しています。そのためサイドでボールの争奪戦が生じます。そこでボールをキープすることが大前提（森保の求める最低基準――一対一に負けない）。サイドからボールを生かすことができれば、インサイドWGを活用して中央のルートを狙い、パナマCB～SB間に生まれるギャップを使ってハーフスペース～サイドでの裏狙いが可能になります。奪われたとしても、パナマが逆サイド展開の起点となるDHに預けるボールに対し、インサイドWGと三竿がカウンタープレスをかけられるようになっていました。

さらに、自陣深い位置からのポジティブトランジション時でのインサイドWGを絡めたアタッカーの使い方も森保監督らしい仕込みが見られました。自陣ボックス近辺で回復したボールを、FW（大迫、南野）ではなくインサイドWGが受けられるような配置になっており、ロングカウンターに縦方向の縦深をあらかじめ持たせています。こういった局面で、相手DHが空けるスペースをインサイドWGに使わせることができれば、縦方向にインサイドWG～FWと2つのポイントを作ることができます。相手CBから見ると、近い場所にいるFWに牽制され、遠い場所にいるインサイドWGに起点を作られてしまうため、積極的な対応が非常にしづらくなり、日本の選択（FWとWGのどちらにボールを入れるか、など）を待って行動せざるを得なくなります。その時間で、起点となるインサイドWGは自由を得、FWとの縦関係、ワイドを駆け上がってくるSBを使う選択肢を短時間のうちに得て、ロングカウンターの脅威度を上げることができるのです。相手CBが届きづらいところに意図的に起点を作りつつ、相手DFラインを操作できる状態でカウンターをするというこの仕組みは、森保広島の特徴をそのまま受け継いでいたといえるでしょう。

戦略的相貌その（1）——人的配置で「意図した攻略ルート」を作る

このように、パナマ戦での日本代表は、インサイドWGやFWの配置が攻守両面で効果を継続的に発揮できる設計のもとにプレーしていました。注目は、こういった人的配置ができるだけポジションバランスを保って攻め／守れる秩序も（立ち上げ時であることから精度に不満はあれ）意識されているようだ、という点でした。

トランジション時に無意味に放棄しているスペース、無意味な数的劣位をできるだけ作らない、それを実現するためにしっかり球際で戦う（戦術的にデュエルする）。奪い切れない場合は素早く規定の配置に移動し自陣にバランスを重視した陣形を形成する、奪ったら各ラインの裏を狙って素早く展開する、トランジションを含めてそれらが最短距離で可能なようあらかじめ選手を配置しておく、その配置の均衡を崩さないようにプレーする——配置を均衡させる意図と実際のタスクが緊密に結びついており、選手たちがタスクを遂行していれば自然にそうなるよう設計する。そういった明確な戦略的意図がパナマ戦ではみえました。

森保「均衡戦術」の問題点

ただ、サンフレッチェ広島時代から積み残している問題——「ミドルゾーンでのカウンタープレスを効果的に組織できず、1stディフェンスが外されれば中盤に広大なスペースを与えてしまい、即時リトリートに移行しなければならない」「ハイプレスを効果的に行えない」。この点についてはパナマ戦は大いに問題含みの船出だったといえます。

例えば、インサイドWGの配置を利用し、三竿と連係してカウンタープレスを仕掛けるという狙いですが、このプレッシングが失敗した場合森保監督のやり方では、バイタルエリアに広大なスペースが生まれます。もう片方のDHである青山はDFラインに入って3バックを形成しているため、三竿が消されればそこを守る選手がいなくなってしまうからです。この、「配置移動を行うため局面によっては守り切れない（プレスをかけきれない）スペースやコースが生まれる」というのは、初期配置と配置移動を組み合わせる可変型のフォーメーションで相手の陣形に対しギャップ（ズレ）を作り出し活用する戦術では、往々にして生じる事態です。既述の通り、広島時代の終盤、この問題を相手に突かれるようになった森保監督は、様々な手を尽くすも最後まで解決することができず退任することになりました。パナマ戦ですでに見え隠れしている、広島時代から積み残しているこの問題点を、国際レベルでプロテクトできるような新たな戦略、戦術、構造をチームに与えることができるかどうか。監督のインテリジェンスは疑いのないものだけに、カタールW杯に向け、これが森保ジャパンの発展を占う重要なアジェンダになると思われました。

ウルグアイ代表戦——優位を生んだ戦略思考

スパイ小説の大家ジョン・ル・カレに『ティンカー、テイラー、ソルジャー、スパイ』という傑作があります。冷戦時代を舞台に、アメリカ合衆国、大英帝国を中心とした西側陣営の視点からソビエト社会主義連邦共和国（ソ連）をはじめとした共産主義国勢力（東側）との諜報戦を扱った作品で、ソ連情報部の仕掛けた罠に翻弄される英国情報部の迷走と内紛が描かれます。本作に、「カーラ」と呼ばれるソ連情報部の幹部が登場します。「カーラ」は攻撃的カウンターインテリジェンス（防諜）の達人で、英国情報部にもっともらしい「戦術的においしい情報」をあえて流して食いつかせ、敵を自らに利するよう物言わずして操ります。そのことで、本当に重要な「戦略的な情報」を、その存在すら気づかせることなく隠し通すのです。サンフレッチェ広島を率いていた時代から、森保監督はそのような防諜に非常に巧みでした。彼は極めて誠実な人物です。記者会見でもインタビューでも、練習の公開に関しても様々な情報を開示します。選手たちや関係者に対しても、非常にオープンなコミュニケーション能力の持ち主であるとも聞きます。けれども、少なくとも公の会見で彼が開示するのは、いわば機密水準の低い戦術レベルの情報、特定のグループ戦術的な情報に過ぎません。戦略面・構想面での情報については、何の手がかりも与えてくれないという印象が強くあります。優秀な戦略家はしばしば「嘘」によって戦略面の真意を隠す

国際親善試合
2018年10月16日
埼玉スタジアム2002（埼玉）

日本－ウルグアイ　4－3

南野　10′　**ペレイロ**　28′　**大迫**　36′　**カバーニ**　57′　**堂安**　59′
南野　66′　**ロドリゲス**　75′

ものですが、彼はその手の「嘘」すらつきません。多くを語りながらも、本当に重要なことについては欠片すらも漏らさず、あたかもその件については何も考えていないかのように振る舞うのです。話はする。だが、自らの思考（戦略・構想面の情報）を読ませることはしない、思考を読み得る手がかりは寸土たりとも与えない。そのことで、相手に対し戦略面でたとえわずかであっても優位を得ようとする。森保監督の物言わぬ防諜の徹底ぶりは、まるで「カーラ」のようです。

ウルグアイ戦は、パナマ戦のように正真正銘の「親善試合」ではありました。けれども、パナマ戦とはまた違った顔、森保監督のそういった、カードを切るその瞬間まで、切った後までそのカードを徹底して隠し切る戦略家としての特徴が、色濃く出た試合でした。カタール大会の結果が出た現在から振り返ると、まさしくドイツ戦、スペイン戦を予告するような枠組みのゲームだったと言えます。

戦略的相貌その（2）――エリア戦略、メタ戦略

日本は、パナマ戦とはまったく異なるプランでプレーしていました。

フォーメーションこそ2人のFW（大迫と南野）を縦関係中心にプレーさせる［4－4－

2」(「4－2－3－1」、「4－4－1－1」)でしたが、パナマ戦とは違い、中央を必ずしも経由せず主に囮として用い、中央ゾーンに絞らずアウトサイドのレーン、ハーフスペースを中心に動くSH(WG)中島翔哉や堂安律のドリブル、ミドルもしくはロングのフィードを使って裏へ裏へとボールを運ぶ。できるだけ早くウルグアイ陣に侵入し、4人のアタッカー(大迫、南野、中島、堂安)を中心に起点を作ろうとする意図が見えました。細かいパスワークで相手を崩そうというよりは、敵陣への侵入後、2次攻撃ですぐに裏を狙う、もしくはそれを見せ金にプレーするための起点作りを意図しているようでした。相手陣に持ち込む・蹴り込んだボールをクリーンにものにできずともよく、セカンドボールの争奪戦で主導権を持って仕掛けられればいい。取られてもカウンタープレスをそこでかけられればいい。ボール保持よりも、エリアを取ることを優先したエリア戦略を採用していました。

これは、ある意味「日本らしからぬ」ものであり、もっと言うなら「日本人には合わない」としばしば評されていたハリルホジッチ元日本代表監督がしばしば採用していたプランであり、エリア戦略ですが、重要なのは、これは対戦相手ウルグアイのゲームプランそのもの、彼らのベーシックな戦略そのものでもあったことです。森保監督は、おそらく意図的にウルグアイと同じプラン──日本サッカーが不得手と、漠然と思われてきた方法のひとつ──を持ち込んでいたと思われます。なぜなら、逆説的に聞こえるかもしれませんが、その方が、少なくともこの試合に関しては日本の優位性を戦略的に発揮しやすく、同時にそのことでウルグアイの戦略的優位性を消しやすいものだったからです。

ウルグアイの狙い、日本の狙い

この試合でタバレス監督が選択した初期配置は、日本の選択に近似した「4－4－2」(「4－4－1－1」)でした(図3－3)。日本と同じく(むしろウルグアイの専売特許なのですが)できるだけ早く相手陣に入り起点を作り、2次攻撃での裏狙いを最優先の選択肢とすることを目指しています。ウルグアイには、2トップ＋1アタッカーを使う「4－3－1－2」や、インサイドハーフを配する「4－1－4－1」の選択肢もあります。これらの選択肢では、敵陣侵入後により多彩な起点作り、アタッカー同士の連係を見込めますが、この日本戦では2トップの裏狙いと連係しか初手としては使えない状況でした(この試合のようにルイス・スアレスを欠く場合、ウルグアイが「4－4－2」、「4－4－1－1」を選択することが多いことをおそらく森保監督とスタッフは調べ上げていたと思われます)。

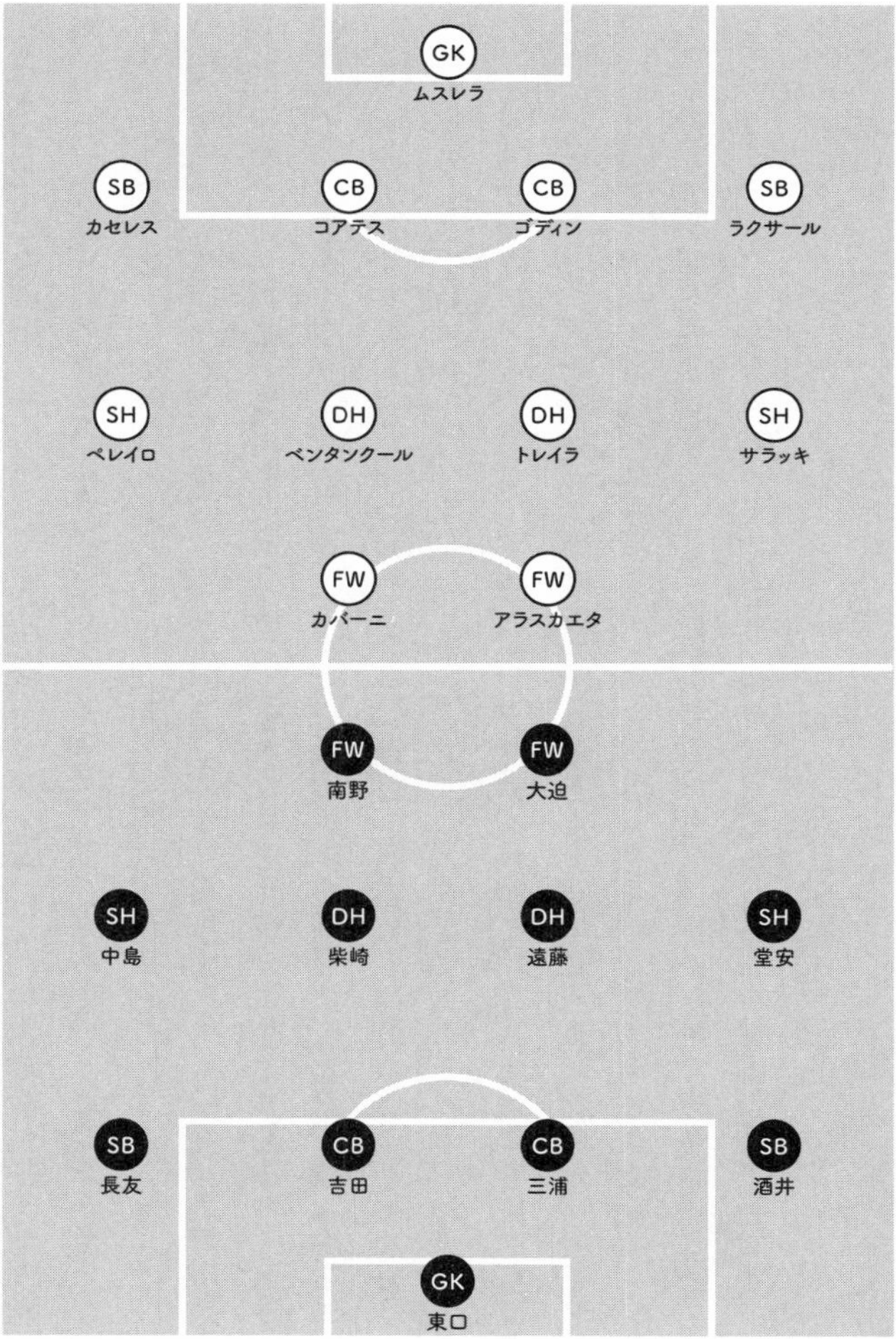

図3－3　ウルグアイ戦の初期フォーメーション

一方、日本は敵陣侵入後、ウルグアイと同じく2トップを用いた攻撃に加え、中島・堂安という強力なWGのキープ力と突破力、彼らと2トップとの連係を使うことができます。特に中島と堂安の、この配置とタスクでの起用と実際に披露されたハイパフォーマンスは極めて重要でした。ウルグアイの［4－4－2］（［4－4－1－1］）では、敵陣侵入後のSHの攻撃参加が戦略的に重要となります。それがスピーディに行えて初めて、2トップを敵陣での孤立から救うことができ、2次攻撃の選択肢を増やすことができるからです。

このマッチアップにおける差し合いを有利に運び、日本に戦略的な優位をもたらすのが森保監督の主要な狙いのひとつでした。中島と堂安の2人がウルグアイ陣で起点を作り前へ、つまりウルグアイのDFライン裏やボックスに向かってボールを運び脅威を与えることで、ウルグアイのSHのスタートポジションを押し下げることができます。そしてこれは、ウルグアイが日本陣へ侵入できても、彼らのSHが2トップの支援に上がっていくにはより多くの時間を要すること、2次攻撃の起点作りの選択肢が削り取られることを意味しています。同じ「敵陣に素早く侵入し、エリアを取る」ことを目的としていても、日本がウルグアイ陣で過ごす時間を長くでき、逆に日本陣で過ごす時間をウルグアイからは奪い取ってしまう。森保監督がこの試合で繰り出した戦略は、そのような戦局を構造的に、再現性をもって確保できるやり方であると言えます。そして実際の試合もそのように、日本が戦略的な優位を維持し続けるという形で推移しました。サイドの攻防で上回ることができると踏み、あえて同じ布陣でマッチアップを嚙み合わせる。サイドの攻防で優位に立ち相手のSHを押し込んだことで、自チームの2トップのサポート態勢を作る一方で相手の2トップを孤立させることに成功したのです（図3－4）。

中島・堂安・南野といった若い選手たちの特徴が発揮できる配置とタスクの仕立てを準備し、相手が切れるカードと自らが切れるカードとの相対的な優劣を生み出し巧みに利用することで、相手の得意とするエリア戦略をいわば「盗み取り」、自らはエリアを取るが相手には与えない、という状況を個別の局面としてではなく、全体的な戦局として主導的に出現させる。そんな試合を森保監督は演出しました。

ポジティブな面とネガティブな面

こういった戦略構造をトランジション面やウルグアイのビルドアップを阻害する面でも有利に用いられるよう差配できていたといったポジティブなディティールもありましたが、様々なネガティブなディテールもあったといえます。例えば後半、時間が経過するに従っ

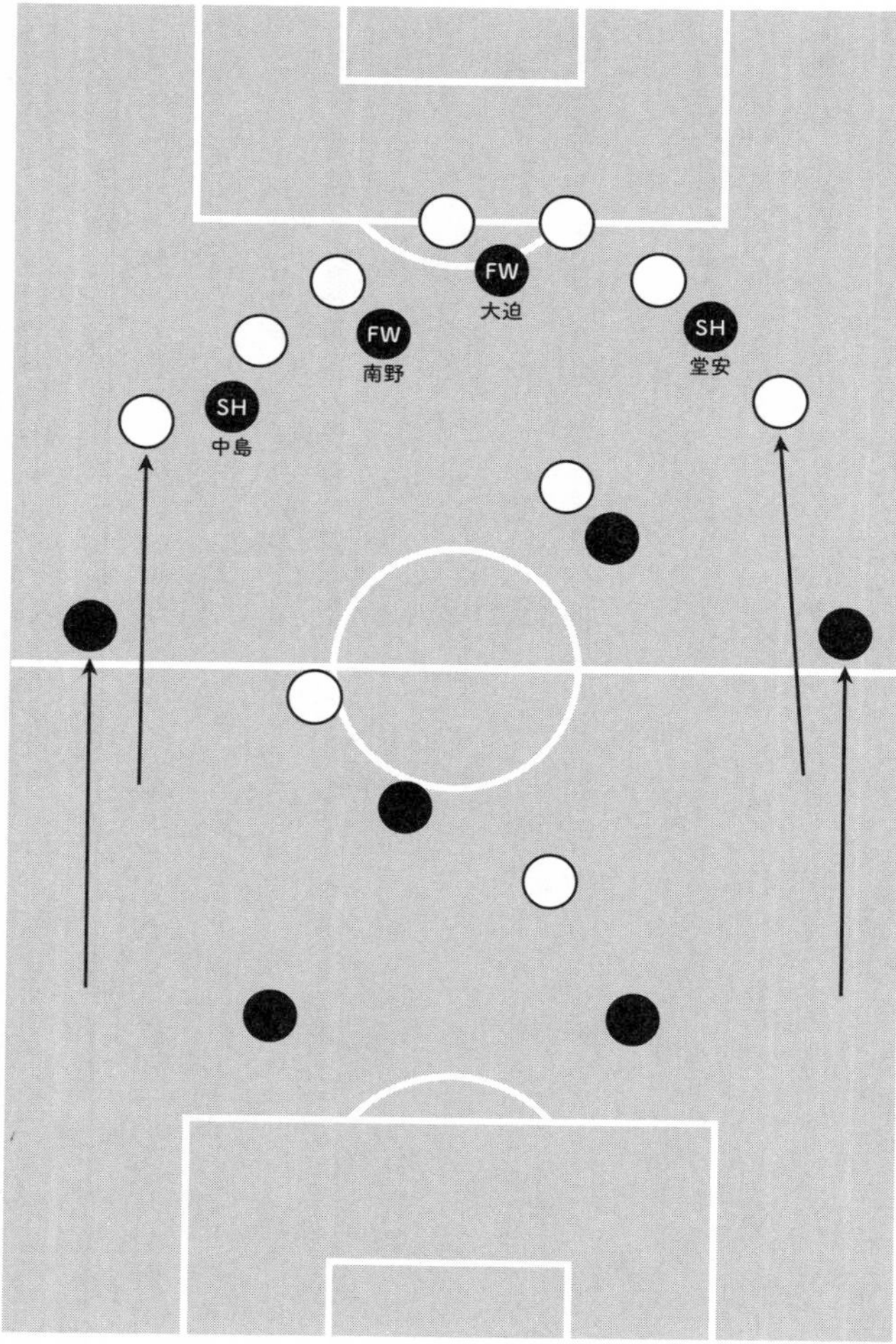

図3－4　ウルグアイと同じフォーメーションで臨み、敵陣に相手を押し込み、サイドの攻防で優位に立った日本

てタバレスは森保プランに内在するリスクを特定し、突く対応をしてきました。ミドルゾーンでのプレッシングをひとつ外されるとバイタルエリアがすぐに暴露されてしまうという、従前からの問題点です。この試合の日本は配置の変化でマッチアップにズレを生み出す――自らもトランジション時に相手の配置とズレてしまい、カウンタープレス、ハイプレスをかけにくくなる――可変システムを採用していなかったにもかかわらず、4人のアタッカーをトランジション面でサポートすべくトップ下の位置までDHの柴崎岳を上げていたこと、柴崎が思うような働きをできていなかったためにアンカーとして残っていた遠藤航が持ち場を離れボールハントに動き回る必要があったこと、その状況下で自陣に生まれる危険なスペースをプロテクトする手段の準備不足などから、結果としてバイタルエリアが空洞化する状況がしばしば生まれていました。タバレスは後半の特に終盤、このスペースを使える差配を用いて日本を苦しめます。1点差に追い上げるウルグアイの3点目は、まさにこの構造から喫した失点でした。

対して、出入りの多い試合を決めた4点目を生んだプロセスはポジティブなものだったといえます。ロシアW杯で日本は、セットプレーからのGKスローによる中央ゾーンを使ったカウンターに対して効果的な対応ができず致命的な失点をベルギーに喫し、敗退しました。あの問題――GKスローからのカウンターのケアが鈍い――は実は、ロシアW杯での4試合の中であのベルギー戦以前にも複数回発生していました。そのいずれでも日本はうまく対応できず、相手のミスに助けられたり、持ち場を捨てて走ってきた選手が最後のギリギリのところで阻止する、といった形で結果として凌げていただけで、このシチュエーションに対し日本は準備できていない、とベルギーにも他国にもスカウティングされていた可能性があります。ひるがえって、ウルグアイ戦の決勝点となった日本の4点目は、まさしくセットプレー後、GKスローからのウルグアイのカウンターに対し中央レーンで数的優位を得られる網をあらかじめ張っておき、カウンタープレスをかけてボールを奪回してからのショートカウンターでした。互いに動き続けている通常のフィールドプレー中ではなく、セットプレー前後という、事前のポジショニングで網を張っておけるシチュエーションではありましたが、重要なエリアに予め人を配置しておく森保監督の基本的な狙いが不十分ではあれ形になったことに関しては、ロシアの教訓を活かした以上の意味がある決勝点だったといえます。

親善試合ゆえ、日本が行なっているウルグアイ対策への対策を、タバレスが早期に（たとえば前半の間に）、的確に打ってこなかったため、森保プランが試合を通じて機能したにすぎない――そう評することもできます。実際にこの試合終盤には既述したタバレスの打ち手に日本は戦術的にはほぼ沈黙し、「試合終盤」という、時間を味方につけ試合を終わらせられる状況に助けられた面がありました。カタール本戦では、この試合から引き出せる教訓を十分に活用する戦略、計画、采配を森保監督はみせるのですが、そこに至るまでは紆余曲折が生じていきます。

立ち上げ時に垣間見える二つの戦略構想

森保ジャパン立ち上げ時のこの二試合は、非常に意味の大きい試合だったといえます。この代表チームがどのような方向性をもって鍛え上げられていくのか、複数の戦略構想がプレゼンテーションされた試合となったからです。パナマ戦は配置で崩す、ボールを握って崩す配置戦略、ボール保持の戦略を目指す表情を見せました。ウルグアイ戦は打って変わってエリア戦略、メタ戦略を仕掛け敵を自分たちの勢い（混沌）の中に誘い込んで戦略的に主導権を握ってみせました。前者はサッカーならではのゲーム戦略で、後者はサッカーに限らず適応可能な普遍的戦略というべき志向性といえます。どちらも排他的関係にはなく、融合・相互補完が可能な戦略構想ではありましたが、森保監督はこういった複層的な戦略構想を提示、保持しながら、W杯カタール大会に至る強化過程でおそらく「何がどれだけ実践できているか」「代表チームの限られた活動時間で何を重点的に落とし込むべきか」を考えながら事を進めていったものとみられます（その過程を外部から観測可能な範囲で連続性を持って記述するのが本書の目論見のひとつです）。

また、これら大枠の構想に加えて、特にウルグアイ戦で「デュエルとインテンシティの重視」「選手の特徴を活かすため、自発性が発揮できるよう自由裁量の余地を多く与える」ようすも見て取れました。フォーメーションや細部の仕立ては異なっても、森保監督は広島時代と同様の戦略的枠組み――「どんな戦略を採っても求められる、競争力の基盤としてのデュエル、インテンシティ」「勝てる可能性の高い枠組みの選択」「その枠内での選手の自発性、自由裁量を認め特徴を発揮させ、チーム力の肉付けとする」――を打ち出しています。これらを組み合わせてW杯に挑むという基本線はこの後も揺らぐことはなく、そしてその一貫性が、最終的な戦略・作戦・戦術の取りまとめをどうするか、どのような組み合わせに帰着するか、そういったところにつながり、グループステージの戦いに昇華されていきます。

ただし、その道のりは当然ながら決して平坦ではありませんでした。

2019 AFCアジアカップ――初戦から見えた「委任戦術」路線

チーム立ち上げ後最初のビッグトーナメントとなった2019年のアジアカップで、森保監督の戦略構想――「戦略的な大枠の設計」と「選手の自由裁量でピッチ上の問題を解決させる」＝「委任戦術」との組み合わせ――は、どのように機能した／機能しなかったのでしょうか。初戦のトルクメニスタン代表戦、「事実上の決勝戦」と見なされた準決勝のイラン代表戦、思わぬ敗北を喫した決勝のカタール代表戦から考えてみます。

トルクメニスタン代表は4バックと5バック併用するチームで4バックの方がメインシステムでしたが、日本代表に対しては5バックで入ってきました。日本とトルクメニスタンの力関係を考慮すれば、これは想定し対策を立てておけることではありました。実際の試合では、選手たちは試合が始まってから相手の布陣を認識し、選手たちがそのピッチの中でコミュニケーションを取り、確認し合いながら戦っていました。この試合では、その確認、共有・対応に前半45分一杯＋ハーフタイムかかっており、トルクメニスタンのやり方を確認中の前半のうちに先制されています。後半は、選手たちで打ち出した修正が効を奏し逆転勝利を収めています。

日本代表はアジアでは最強国と見なされていますから、相手国は徹底的な対策を敷いてきます。日本としてはその対策への対策を想定・準備して試合に臨みたい――そう考えられるところですが、トルクメニスタン戦で見られた「相手の対策を、実際に試合に入ってから確認し、ピッチ上でその対応を考え実践する」様子は、アジアカップを通じて見られました。例外は、日本と並ぶ優勝候補だったサウジアラビア代表との決勝トーナメントでの戦い、そしてイラン代表と戦った準決勝でした。

イラン代表は、大会を通じてハイ・インテンシティのプレッシングサッカーを展開し、相手チームをその圧力で飲み込むような格好で、日本戦までほとんどの試合を圧勝しています。ボールをキープし前進する力も非常に高く、アジアカップレベルでは決定力の高さも示していました。その他のディティールも遺漏《いろう》なく、完成度の高さでいえばこの大会で最強の代表チームだったと思われます。そのプレッシングサッカーの特徴は、プレッシングの基本陣形を整える素早さ、チーム全体でそこから縦方向に一気にプレッシャーをかけ、そのモメンタム（勢い）のまま、奪ったボールをやはりチーム全体で縦に素早く運び、ゴールに向かってなだれ込んでいく迫力、そしてそれを繰り返せる地力の高さでした。2011年に就任して以来チームを継続して強化してきたカルロス・ケイロス監督率いるイラン代表は、当時のヨーロッパサッカーにおいて活発だった潮流のひとつを高い水準で身につけたチームでした。

それまでの戦いで、事実としても実態としても「チーム作りの初期段階」にあることが明白なプレー内容を見せていた日本代表でしたが、この難敵に対して森保監督は準備の行き届いた極めて戦略的な戦いを挑み、そして3－0という快勝を遂げます。

イラン代表戦——森保戦略思考の炸裂

準決勝イラン戦で森保監督が繰り出したのは、チーム立ち上げの親善試合、ウルグアイ代表戦で見せた「相手の得意な形を当の相手にぶつけることで長所を消し、モメンタムを奪う」ゲーム戦略でした。イラン代表の最大の武器である「縦方向のプレッシング」を試合開始直後から、日本側が仕掛けたのです。

これは思い切った戦略でしたが、極めて効果的でした。この時点で、イラン代表はカルロス・ケイロスのもと6年間にわたって対アジアチームに対しては無敗、この大会中の試合内容も盤石。同じく大会中の日本代表の試合内容を分析すれば、その受動的な試合の進め方に対し自分たちのやり方で激しくプレッ

AFC アジアカップ UAE 2019
準決勝
2019年1月28日
ハッザーア・ビン・ザイード・スタジアム（アラブ首長国連邦）

イラン－日本　0－3

大迫　56′　**大迫**　67′　**原口**　90＋1′

シャーをかければ勝利は近づく、と見ていたと思われます。それが、予想外の日本の出方に出鼻をくじかれ、自分たちの最大の強みが発揮しづらい状況にいきなり持ち込まれ、明らかに困惑していました。チーム全体で連動して初めて機能する彼らの圧力を寸断し、その脅威を相対的に削ぎ、日本代表は局面毎のデュエル勝負に持ち込みます。「縦に、前に出たい」イラン代表のリズムを崩し、彼らが自分自身を見失う方向に試合を運んでいきました。

「ピッチ上で対応を考えている」度合いの大きさが強く感じられたトルクメニスタン戦やオマーン戦、ベトナム戦などと異なり、この試合に向けての「対策」「準備」がかなり入念になされ、選手たちにプランとして落とし込まれていたのは「イランの得意な形をイラン自身にぶつける」前提条件の作為が明確な形で実践されていたことからわかります。

また、日本代表はプレッシングを仕掛ける前に、試合開始直後から徹底したロングボール戦略を実行しました。イランが前に出てきたいところで、ことごとく蹴り返してしまう。そして、彼らを強制的に背走させる（前にではなく、後ろに走らせる）ことで「縦方向のモメンタム」を物理的に無効化し、日本が蹴り込んだボールを確保したイランの選手たちに、そこで「イランがやりたいプレッシング」を仕掛けていったのです。

イラン代表は結局、試合を通じてモメンタムを回復できず、試合終盤は半ば自滅のようなプレーを繰り返してしまい、準決勝で姿を消します。「相手の得意な戦略、戦術を裏返して好機を得る」「相手が一番困る局面、タイミングで戦略的にラッシュを仕掛ける」といった、森保監督の得意とするゲーム戦略が顕著に表れ、そして機能した試合となりました。勝利の可能性を高めるその戦略的な枠組みの中で、選手たちの局面毎のアイディア、プレーヴィジョンも自発的によく発揮され（前線で攻守・プレッシングに縦横無尽に戦った大迫勇也、ゲームメイカーの柴崎岳のプレーは特筆すべきものでした）、「大枠」と「自発的な裁量」の組み合わせも大いに活きています。

ところが、最大の難敵と思われたイランをこれ以上ない形で退け臨んだカタール代表との決勝戦は、森保監督のアプローチは準決勝と全く異なる状況に直面し、機能不全に陥ります。

カタール代表戦――「委任戦術」の蹉跌《さてつ》

カタール代表は、国を挙げて各種スポーツの強化を中長期的に進めています。

AFC アジアカップ UAE 2019
決勝
2019年2月1日
ザイード・スポーツシティ・スタジアム（アラブ首長国連邦）

日本－カタール　1－3

アリ　12′　ハティム　27′　南野　69′　アフィーフ　83′

アスパイア・アカデミーという若年層からの総合的なスポーツ強化組織を設立し、世界中からハイレベルな指導者を招聘、才能を集めて指導、強化を進め、ポストオイルマネーの時代を睨んだ「国際的な文化のハブ国家となる」彼らの戦略の一端としているようです。中でもサッカーの自国代表強化は優先度の高いプロジェクトで、（様々な問題含みとはいえ）自国へのワールドカップ招致に成功し、自国開催となったこのアジアカップでも決勝まで駒を進めてきました。

アスパイア・アカデミーのサッカー部門は、スペインサッカーの指導者を多く呼び寄せており、カタール代表は若年時からポジショナルプレーを仕込まれている選手たちで構成されています。その習熟度はかなり高く、相手のやり方に応じて幾つものフォーメーションを用い対応しながらも、自らの原理原則に則った秩序だったプレーができる水準に、この時点で達していました。ですが、それゆえ「ポジショナルプレーの定石」を外さずにプレーする傾向があり、日本としては事前に特定可能なその特徴を利用して主導権を握りたい試合でした。

日本代表との決勝戦では、彼らは通常採用している［4-3-3］ではなく、［5-3-2］（ボール非保持時。ボール保持時は［3-5-2］）のフォーメーションを選択してきました。日本代表は4バックではなく3バックで行われる彼らのビルドアップに対し、「予想外」であったかのような立ち上がりの対応に終始してしまいました。［4－2－3－1］（「4－4－2」）で入った日本の前線は大迫と南野拓実。DFラインの3枚＋アンカー1枚で構成されるカタールのビルドアップ隊に対し、2枚でどうプレッシングを仕掛けるのか、ビルドアップの方向を限定するのか――2人は明らかに戸惑っていました。そして、あれこれと試行錯誤をしている間にクリーンなビルドアップを何度も許し、短時間の間に先制され、前半27分には2点目を奪われてしまいます。前線の2人が3バックのビルドアップに対して効果的な妨害をできなかっただけではなく、現代的ポジショナルプレーの肝となる概念であるハーフスペースへのカタールの侵入、そこを中心としたボール運びに対しチームとして効果的な対応が全くできていませんでした。そのため、カタールは彼らのやりたいプレーをやりたいように展開し、後半になると5バックでしっかりと守備を固めて日本から時間を奪っていきました。日本は中央に偏った力押しを続け何とか1点を返すものの、最終盤にPKで3失点目を喫し、試合はそのまま終了します。

姿をあらわした、大きな問題

試合開始から、日本がカタールのビルドアップに全く対応できず、まさしく「ピッチで初めて目撃し、考え始めている」ように見えた内容は、明らかにそこで後手を踏んで取り返しのつかない状況と結果を招いたことから、当時も話題になり「選手ファーストなどの考えが行きすぎ、監督が決めるべきところまで選手に丸投げしている結果なのではないか」という主旨の批判が起こっています。森保監督は「3バックビルドアップへの対応は準備していたが、選手に行き届いていていなかった」という主旨の振り返りをしており、「丸投げしているか、していないか」という単純な問題ではなく、「大枠」と「その大枠内での委任戦術」の組み合わせ、情報の濃度調整、伝達方法を含めたその両面の橋渡しがカタール戦ではうまく機能しなかった、ということだったのでしょう。ワールドカップアジア最終予選、本戦にむけて、そこの精度・粒度をいかに上げていくかが、この時点で大きな課題として立ち現れたものと思われます。

森保ジャパン最初の「本番」となったこの大会では、もうひとつ重要な課題が浮かび上がりました。丸投げではないにせよ、複数の戦略方針の組み合わせなのにせよ、いずれにしても選手がピッチで自発的に考え、ソリューションを打ち出し、チームとしての対応力を柔軟にしていくことを重要な方針としていることは間違いないことが、この大会の内容からもわかります。わかるのですが、トルクメニスタン戦やカタール戦からも見られるように「適切なソリューションを見出すまでに時間がかかりすぎているのでは?」「チームとして事前に解決しておけることまで考えさせているのでは?」「相手は待ってくれない。対応を模索しているうちにやられてしまっているのでは?」という問題がそこに付随することは、これもまた明白でした。

混沌を連続して生み出すことに優れて特化されているサッカーというゲームの仕組みでは、様々なレベルで、様々な問題が間断なく発生します。選手個々で解決できる/解決すべきミクロな問題もあれば、チームとして解決しなければならないマクロな問題もあります。この時点での森保ジャパンの試合を検分すると、「選手が自由裁量のもと自発的に解決しなければならないのは、どのレベルの問題か」をうまく整理できていない印象を持ちます。

例えば、ワールドカップ・ロシア大会の直前(ハリルホジッチ解任、西野就任後)に行われた強化試合のガーナ代表戦で、ガーナ代表は日本代表が4バックで試合に入ることを予想した準備を行っていました。ハリルホジッチのチームは4バックで戦っていたからです。

ところが、この試合で西野監督は3バックを選択。立ち上がりしばらくガーナ代表は混乱を見せていましたが、「SBと予想していた選手がWBになっていること」「全体の立ち位置が［4－2－3－1］ではなく［3－4－2－1］であること」をすぐに特定。数分で日本のやり方への対応を完了し、主導権を握り返してきました。この試合、日本は0－2で敗れています。トルクメニスタン戦やカタール戦の日本代表と比べると、ガーナ代表は「相手のやり方が通常と異なる」事態に対する対応力、対応速度がかなり上回っていたという格好です。

「相手のフォーメーション、立ち位置」というのは、それが試合開始後に初めて判明するのだとしても、「このフォーメーションなら基本的にはこういう構造」ということ、その構造であればどんな問題がありうるか、を事前に認識、一般的な解決方法を持っておけるマクロな問題です。日本代表は、そういったマクロな問題を選手の判断に委ねているか、選手たち自身の「相手のやり方から考えられる一般的な解決方法」に対する共通理解が不足している、あるいはその共通理解の不足度をどう埋め合わせていくべきか、的確な方法を見いだせていない、そういった状態にあり、問題を抱えていたといえます。

「相手のやり方から考えられる一般的な解決方法」についての選手たちの知見、共通理解、創意によってどのようなチームが生み出されうるか、どのような問題を抱えるか、に関しては2014年ワールドカップ・ブラジル大会のスペイン代表の事例が参考になります。当時のスペインは2010年のワールドカップ、2012年のEUROを連続して制し、名実ともに世界最強チームでした。彼らはそういった抜きん出た結果と内容にも基づく莫大な経験値、戦術的な記憶、共通理解をもとに選手たちがピッチ上でくだす縦横無尽な判断の的確さと、ポジショナルプレーをベースとする戦略的な大枠の優位性の組み合わせを最大限に活用していました。ところが、大会初戦のオランダ戦で1－5の大敗を喫し、そこからの退勢を覆せずグループステージで敗退してしまいます。オランダが仕掛けてきた奇策について、経験豊かな選手たちが落ち着いて観察し、攻略の糸口を探るために消費した時間でオランダに主導権を握られ、PKで先制するものの後は一方的に得点を重ねられてしまいました。「選手たちの裁量、自発性」に頼るか、誤った運用をしてしまうと90分のタイムマネージメントの中で後手を踏んで、反撃の時間も奪われてやられてしまう。スペインほどのレベルでも、アジアカップのカタール戦のようなことが起きているわけです。

アジアカップの戦いが残した課題

一方、森保監督は非公開の戦術練習、チームとして最低限求める基準を徹底させるための練習を代表日程に必ず組み込んでいます。どんなにタイトな日程でも1日は絶対に行うほど優先順位の高いもので、そのルーチン（本番でも徹底する）が明確に始まったのが最初の本番であるこのアジアカップでした。本章で振り返った試合内容をみると、その効果はさほど大きく現れなかったかもしれません。ただ、そこで――代表という活動期間が非常に限られ、トレーニングの時間も限られた場であえてルーチンとして絶対的位置づけである非公開の練習で何が行われていたのかは、このあと長い時間をかけて試合内容に現れていき、森保ジャパンの戦術的特徴、ゲームモデルに昇華され、特にドイツ戦・スペイン戦で活かされることになりますが、それはまだ先の話。

このアジアカップで出た課題をまとめると、

- 「大枠の戦略」を必要なレベルに向上させていけるか
- 「大枠の戦略」と「委任戦術」の組み合わせ、運用の精度、機能性をどのように高めていくか

・「委任戦術」によってソリューションが打ち出される時間を短縮できるか

といったところになるかと思われます。森保監督は以降、これらの課題をどう改善、発展、整理させていったのか。検討を続けていきます。

第4章

日本代表監督・森保一（2）

――東京五輪をめぐる時節から見えたもの

メキシコ代表戦——中間報告2020

カタールW杯が二年後に迫った2020年11月、日本代表はパナマ代表、メキシコ代表と親善試合を行いました。この二試合は文字通りカタールW杯本戦に向けた「中間試験」としての意味合いがあったのでしょう。日本代表は、どちらの試合も非常にモチベーション高く臨んでおりメキシコの分析も対策も明らかに準備万端、この時点でのMAXを表現しようとインテンシティ高く試合に入っています。このメキシコ代表戦、そして明けて2021年に行われた東京五輪での戦いは、アジアカップで明らかになった様々な課題が、どのように改善されているのか、整理されているのか——カタールW杯本戦の実際の内容と結果を色々な意味で裏書きするような試合になりました。

メキシコ代表の監督は、ヘラルド・マルティーノ。ニューウェルズの選手時代にマルセロ・ビエルサの薫陶を受け、監督となってからは中南米地域で主にキャリアを積み、FCバルセロナ、アルゼンチン代表の監督を歴任した実力者です。上記2チームを指揮した際には、並み居るスター選手たちに自由を与えながら的確にマネージメントすることを優先したのか、そのサッカーに戦術的

国際親善試合
2020年11月17日
グラーツ・リーベナウ・シュターディオン（オーストリア）

日本－メキシコ　0－2

ヒメネス 63′
ロサノ 68′

な見所は薄かったものの、メキシコ代表では戦局に応じて3バックと4バックを自在に横断する可変性の高い戦術を浸透させ、ビエルサの系統を強く感じるサッカーを展開しています（2010年南アフリカW杯では、パラグアイ代表を率い日本をラウンド16で破っています）。メキシコ代表攻略のキーポイントが、そのビエルサ流を思わせる、マンツーマン気味の強度高いプレッシングでした。このプレッシングは勿論、このチームの強みでもありますが、マルティーノのプレッシングは師匠のビエルサのそれほどの厳密さはなく、日本戦の前に行われた韓国代表戦でもいくつかの問題点をみせていました。その大きなものが、「敵陣サイドの深い位置にプレッシングを誘導されると、相手の中央の選手をプレッシング網から外してしまう傾向がある」というものです。韓国代表はこのウィークポイントをうまく突いていました。プレッシングに対して耐性が強い（強い圧力下でもボールをキープしコントロールできる）右サイドの10番（イ・ジェソン）を中心に、メキシコのプレッシングを自陣に引きつけ、中央でフリーになった選手にボールを渡してそこから中央、逆サイドに展開して攻める。韓国の左サイドには世界的ストライカーのひとり、ソン・フンミンがいるのでこのメキシコ代表攻略法は見事にハマり、そこから得点していました。

日本のメキシコ対策

日本代表のプランは、前半からハイプレスを仕掛けてメキシコ代表のビルドアップ、パスワークを寸断して主導権を握り、韓国代表のように彼らのプレッシングをサイドに引きつけ、中央のフリーマンを経由してカウンターするというものでした。このプランは試合開始直後から躊躇なく展開されており、相手のウィークポイント、対策がしっかりとチームに落とし込まれているのは明らかでした。森保監督はこの試合に期するものが相当あったと思われます。

開始直後は、日本代表のプランはハマっているようにみえました（図4－1）。プレッシングを引きつけつつ、メキシコ代表のアンカー脇のスペースにWGを絞らせて内側と外側に起点を作り、ボールを生かしてそこにパスを入れる。中央でも外側でもプレーできる原口元気や、中央経由のサイドチェンジからのカウンターで生きる伊東純也の起用も的確といえる状況でした。

メキシコ代表は前半の中ほどからフォーメーションを「4－3－3」から「4－2－3－1」に変えて、アンカーのスペースを消してきました。さらに、日本が彼らのプレッシングを引きつけ中央にボールを逃がそうとするところにさらにプレッシングをかけ、中央

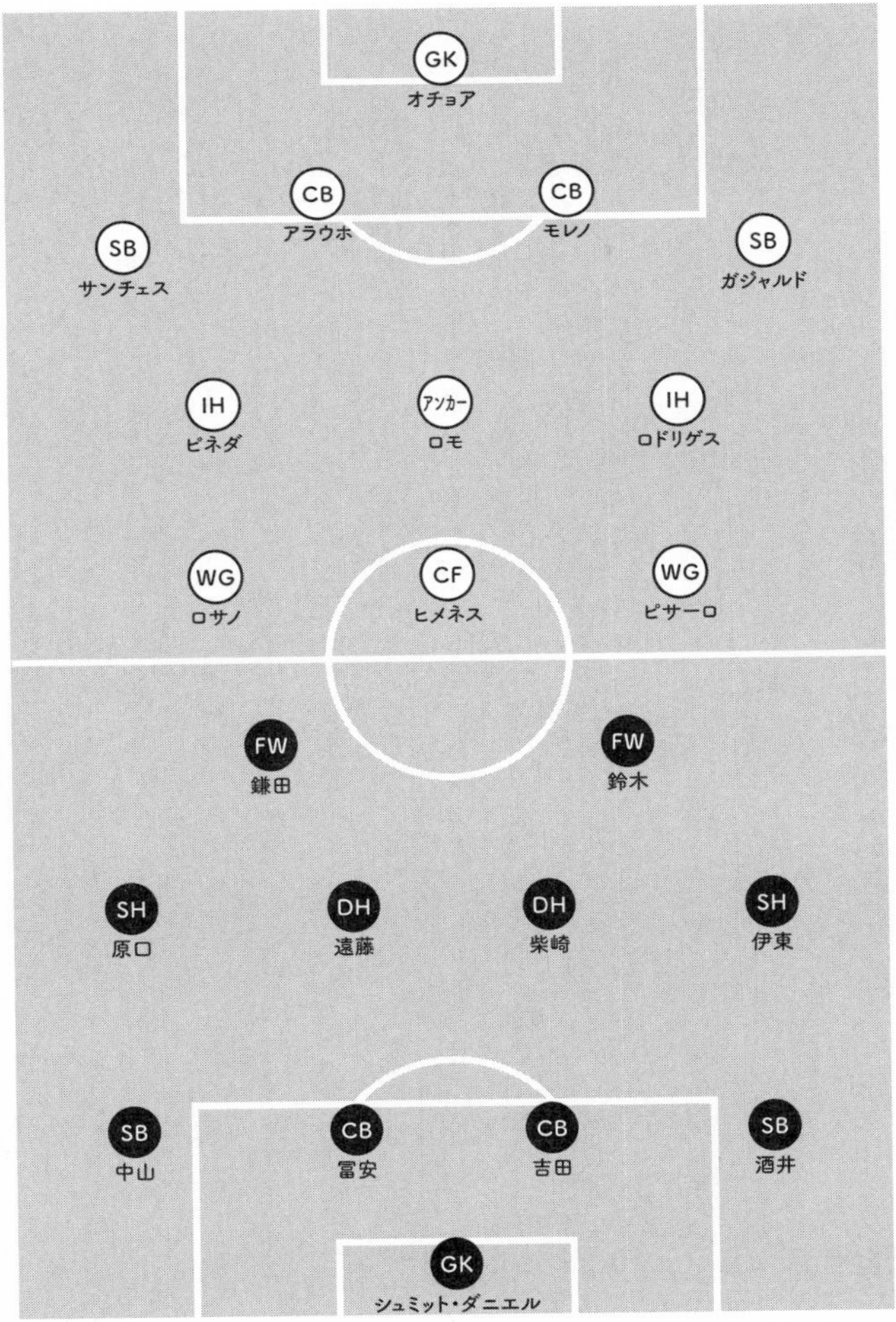

図4－1　メキシコ代表戦の初期フォーメーション

にも逆サイドにもボールを出させないよう修正。日本代表はプランをほとんど遂行できなくなり、前半のうちにその状況を変える対応をピッチ内で（選手たちの判断で）打ち出すこともできませんでした。このような場合、ハーフタイムでの修正で後半の推移を大きく変えてきた日本代表でしたが、この試合ではメキシコ代表に先手を打たれてしまいます。後半、彼らはＳＢとＤＨの選手を交代して中央とサイドのパワーを最充塡して活動量を上げ、さらに15番のＣＢモレノのタスクを修正してきました。この対応で、日本はサイドでも中央でも前半以上にハードマークを受けるようになります。メキシコ代表はＤＨを一枚上げて前半以上に積極的に日本のＤＨにプレッシャーをかけつつ、もう1枚のＤＨは前半メキシコのマーカーからうまく逃れてチャンスメイクの起点になっていた鎌田大地を摑まえて自由を奪います。こうなるとメキシコ代表のバイタルエリアには日本が活用できるスペースが生まれるはずですが、そこへはＣＢのモレノがアグレッシヴに前進守備を行い、日本選手の侵入、効果的なパスを潰してしまいます。

この対応によって、メキシコは日本の攻撃の芽を全部摘み取ってしまいました。日本は前半以上に思うように攻撃ができなくなり、それぱかりか回避できるようプランしてきたはずだったメキシコのプレッシングを浴び、そこからのカウンターで失点して敗北してしまいました。

メキシコ代表戦、真の問題

試合後、キャプテンの吉田麻也は「(2018年のロシアW杯で)日本と同じベスト16のチームなのに、こんなに差があるとは――」と苦悶の表情を浮かべていました。単に敗戦した以上の問題がそこにあったのは明らかでした。このメキシコ代表戦は、アジアカップ準決勝のイラン戦と同様、日本代表にとっては「十分な準備と対策、プランをチームに落とし込み、そのうえで磨いてきた選手の自発性、自由な判断による状況の打開を目指す」というゲームでした。それが、相手にプランを無効化されたばかりか、それへの対策も機能不全にもちこまれ、「自由な判断による状況の打開」などおぼつかないという状態に追い込まれた。逆にメキシコ代表は、試合中の判断で日本を追い込む対応力を見せつけました。日本がやりたいことを相手にやられ、しかも圧倒されてしまった。

カタールW杯本戦で「ベスト8」を目指す日本は、ベスト16(ラウンド16)で対戦するチームに勝つ見込みを立てていかねばなりませんが、そのクラスの相手であるメキシコ代表にこのような内容で敗れたことは、極めて重い事実だったと言えます。

実際、この試合で露呈した問題は本戦、とりわけグループステージ初戦のドイツ戦前半で再現されることになります。

東京五輪——中間報告2021

メキシコ代表戦を終え、年が明け2021年。オリンピックイヤーに突入し、森保監督は兼任する東京五輪代表（24歳以下日本代表）に集中することになります。元々、森保監督は東京五輪に向けて編成・強化されるこのチームの監督としてサンフレッチェ広島監督退任後のキャリアをスタートさせていました。それが、ロシアW杯本戦でのコーチ参加を経て、大会終了後フル代表も同時並行で任されることになったのです。フル代表自体が世代交代の時期を迎えており、指揮官・スタッフの五輪代表との統合によって、若い世代の融合によるトータルのレベルアップを図ったものと思われます。

自国開催のオリンピックで金メダル獲得を目指した五輪代表チームは、躍動的で印象的なパフォーマンスを見せ、健闘しました。けれども最終的にはスペイン、メキシコといった世界的強豪チームに相次いで敗れ、金メダルどころかメダル獲得にすら至らないという結果に終わりました。

整備された攻守の組織――「大枠の戦略」と「委任」の整理

五輪代表のサッカーは、2021年に入ってからの強化試合で急速に整備されていきました。

4バックのゾーンDFによるブロックを敷き、そこから人に対して強くアプローチをする。強度の高いハイプレスとミドルプレス、カウンタープレスを実施し、そこからのカウンター、ショートカウンターでチャンスメイクを狙うというもの。特筆すべきは「4-4-2」～「4-4-1-1」～「4-2-3-1」といった攻守における最小限の変化をベースに、相手のフォーメーション、やり方にアジャストしたマーキングとポジショニングを行い、攻・守・トランジション各フェーズでチームとしての狙いを整理していた点です。

対戦相手の分析結果の落とし込みや試合毎の作戦について必ずしもガッチリ固めることはせず、「選手に自主的に考えさせ、ピッチ上で答えを出させる」ことを主眼とする強化過程から、森保監督指揮下のフル代表、五輪代表は、ともすれば「事前分析が疎か」「選手に考えさせると言いつつ、無策で放り出す結果に終わり、単に迷わせているのではないか？」といった批判をここまで受けてきています。相手のやり方に対応するのに時間がかかるため苦戦、苦杯を嘗《な》めることも多く、その指導方針には疑問が呈されてきたのは確かです。

ですが、本戦に向けて仕上がった五輪代表は、前述の整備を行うことにより、相手のやり方にアジャストする形、変化の幅を明確かつ最小限にし、そのことで選手が自主的な判断で修正を行う幅も限定、ゆえに個々の判断が同じ方向性を向きやすく、すりあわせがしやすい状態になっていました。

（1）相手のフォーメーションに合わせたマンマークトラッキングを志向するハイプレス、ミドルプレスを主体に前向きな守備を試みつつ、守備から攻撃遷移時（ポジティブトランジション）には、縦方向に速く前進するバーチカルな攻撃を最優先に。

（2）トランジションサッカーへの適性とプレス耐性が高く、リンクマンとしても優秀なDH（遠藤航、田中碧）から相手の急所にポジショニングしたアタッカー（久保建英、堂安律）へ縦パスをつけ、そこから相手の状況を見てドリブルなりコンビネーションなりで手数をかけずスピードアップして敵ボックスに迫る。

（3）縦のルートが得られない場合は、サイドにボールを運び、SBを起点にハーフスペースとアウトサイドの二択を軸に外側のスペースを使って前進する。

このシンプルな前進手段を活かす準備が日本はできていました。本戦での対戦相手がほぼアンカーシステムないし3CHのシステムを採用していたため、久保、堂安ら強力なアタッカーがその泣きどころであるアンカー脇やインサイドハーフの裏にポジショニングしつつ適時ワイドに開き相手のマークを曖昧にさせます。その行動は必然的に「アウトサイドかハーフスペース、インサイドか」という二択を相手にせまる仕掛けと、五輪代表チームが「相手のやり方」とその変化にアジャストする方法の共通理解を両立させるようになっていました。シンプルですが相手のやり方にあらかじめ適応したこのプレー構造を手にしていたため、日本の選手たちは縦に行ければ縦、外が空いていれば外、と素早く決断し、状況に応じ判断を変えながらプレーできていたのです。

敵ボックスに攻め込んだ後、ボールを失ったらできるだけ高い位置で、ボックス近辺でもカウンタープレスをかけ奪い切る意識も高く、共通認識になっていました。やり方が整理されていることからバイタルエリアに進出したDHが自陣から脱出しようとする敵ボールの頭を抑えやすい（予測がしやすい）状態を手に入れていて、敵陣でのボール回収率を上げ、走力とその維持を要求されるこのサッカーで可能な限り体力消耗を抑え終盤まで求められる強度を維持することにつながっていたといえます。

チームとしての判断スピードは国際試合でも十分に通用するレベルに達しており、直前の強化試合や本戦のグループステージではインテンシティ高く縦に攻め、守るトランジションサッカーが、2列目の攻撃力を活かした得点力を伴って十分に表現できていました。この面に関していえば、前線とディフェンスのタレントのクオリティ含め、これまでで最良のサッカーを見せていたとさえいえると思います。

欠けていた「相手の対策への対策」

ですが、決勝トーナメントに入ると五輪代表のサッカーは急速に対応されていきます。

2列目のアタッカーを活用するやり方をケアする形で中央を封鎖され、サイドのビルドアップルートもインサイド・アウトサイドを経由するパターンを特定されて危険なプレッシングを受けます。選手個々のプレス耐性、デュエルの強度、アタッカーの個で打開しうる能力のおかげでボールを前進させることはできても、相手の泣きどころを急襲するスピードは減衰し、チャンスメイクの頻度、脅威度が低下していきました。

攻撃面で仕掛ける工夫が2列目に偏っていたのは強みでもありましたが、相手のレベルが上がるにつれ難しくなっていく要因でもありました。CFは2列目のパフォーマンスを活かすためのタスクを多数引き受け、2列目の内外のポジショニングやコンビネーションに連動して外側に開くなどボックスやシュート局面から離れる動きを少なからず行っていました。本来は得点源となるべきCFが2列目を活かすためのデコイ役に終始することを意味し、2列目絡みの攻撃ルートが封じられると打つ手がなくなる問題につながっています。相手の対策への対策があっても効果的ではなく、「選手たちの判断」も有効な解決策を打ち出せませんでした。

一方、整備されたはずの守備についても、情況は芳しくないものになっていきました。準決勝のスペイン戦は顕著でしたが、頼みのハイ&ミドルプレス、カウンタープレスが剝がされるケースが増え、とりわけボックス近辺でのそれが決勝トーナメントではほとんど効かなくなってしまいました。プレッシングの実効性が低下することで体力消耗を早め、疲労が蓄積し、最後の試合となった3位決定戦における細部のパフォーマンスに悪影響を及ぼす遠因になったかもしれません。

最終的に、グループステージでは3試合で7得点・1失点でしたが、決勝トーナメントでは同じく3試合で失点は4、得点はわずかに1という結果に終わりました。

見えてきた「森保ジャパンの目指すトランジションサッカー」

東京五輪代表が行き着いたサッカーは、それ自体は高く評価できるものだと思います。2019～2020年度の欧州王者を決めるUEFAチャンピオンズリーグを、極めて強度の高いプレッシングをチーム全体で敢行し続けるトランジションサッカーで制したバイエルン・ミュンヘンを、森保監督は「我々が目指すべき戦い方」と評していましたが、五輪代表は現時点での到達水準はともかくとして、その方向性を表現するチームとして整理されていました。この方向性は国際的トレンドとしてしばらくは確実に続くものでもあり、世界にキャッチアップしていかねばならない日本の立ち位置を考えても妥当性のあるものと思えます。

この方向性の強みはもうひとつあります。インテンシティにおいて、従来日本選手の弱みに数えられていたデュエルにおいても代表選手個々のレベルが上がってきたため、予選では強度の高いプレッシングと守備で相対的にクオリティ差のある相手の攻撃の芽を着実に摘み、攻撃では個の力で仕留めに行けるでしょうし、イレギュラーな状況も個の質で凌ぎきれるでしょう。本戦でも、相対的にクオリティがこちらより高い相手に対し守備をしっかり行う目処が立てやすく、世界水準に近づいてきたアタッカーの個とコンビネーションを活かして攻撃し、少ない得点機会を決めるといった展開を期待できます。

どちらの場合でも、自分たちのボトム（守備のブロック、フェーズ）を安定させ、相手のウィークポイントを割り出してそこに集中して縦に速いアタックを繰り出す、ということになります。これは日本代表の長年の課題――予選ではポゼッション主体のサッカーでゲームを支配し「格下」を退けるが、本戦ではボールが握れないため、予選とは異なる守備的なサッカーで臨まねばならない――を解消し、攻守のウェイト調整や作戦力の強化を施すことによって、ワールドカップ予選と本戦を同じコンセプトのサッカーで戦える可能性が高くなることを意味します。

戦術的柔軟性、多様性という課題

ただし、問題が2つあります。

一つは、短期的・戦術的問題。東京五輪で明らかになったように、このやり方はより厳しいコンペティションとなる東京五輪決勝トーナメントでは特に攻撃面、チャンスメイクの質量と得点力に大きな不備が生じることを露呈しました。バイエルン・ミュンヘンやリヴァプールのようにプレッシング、ブロッキングできたとしても、上述のように最終局面の攻撃に深さをしばしば欠き、特定の選手、経路やコンビネーションを抑えられたら得点力が極端に低下しています。少ない手数でバーチカルに敵陣侵入する攻撃、2列目の機動性と即興的なコンビネーションに依存した攻撃だけでは限界があったのは明らかで、より脅威を与えうる最前線のアタッカー（CF）を組み込み、相手の中央DFへのペネトレーションと2列目の機動性を組み合わせた、より多層的で豊富なバリエーションの実装が最低でも必要になると思われました。

また、ビルドアップ面で戦略性に乏しいことも問題でした。縦に速い攻撃が抑えられた時に、ビルドアップによって相手陣形に動揺を与える術がほとんどなく、逆にシンプルなビルドアップルートに計画的なプレッシングを受けチャンスメイクされる状態でした。これは単に、中央にゲームメイカー、「司令塔」を置き巧みな配球をさせれば済む問題ではありません。チーム全体の動的なポジショニングの組み合わせで相手の陣形に繰り返し打撃を与え、計画的にチャンスメイクする戦略性が必要になります。

例えばスペイン五輪代表は、質の高いポジショナルプレーを実装することで相手陣形を破壊可能な戦略的チームプレーを披露していました。その鍵は、一見して目に付くCBの巧みな球出しや中盤の流動性ではなく、WGとCFの仕事を基盤にしたチーム全体のポジショニング調整にあります。

彼らのビルドアップでは、ボール保持者周囲のポジショニング調整で誰かをフリーにする巧みさが目立ちます。そのフリーマンに対し守備側は即座に対応できません。両翼のWGのポジショニングによって DFラインの動きが制御され、そのことによって生じるバイタルエリアのスペースをCFや内側に入ってくるWG、インサイドハーフが使おうとしているため、守備側のDHやCBはどこをマークするか常に判断し、対応を変えなければならなくなるからです。

そのことで「最も危険なエリア（バイタルエリア）でマークが曖昧になる」状況を継続的に生み出すことができます。そして、その波及効果として、自陣側へポジションを移動するインサイドハーフへのマークが困難となり、そのマークをはっきりさせようとすると高い配給能力を持つCBへのマークが足りなくなり、結果としてどこかがフリーになってしまうのです。スペイン代表が演出するこの「曖昧さ」は一時的なものなので、守備側はマークの受け渡しを調整して対応することができます。ですが、彼らはそこで生じるわずかな時間を利用してボールを前進させ、瞬く間にチャンスメイクしてしまいます。彼らが個として得意とする――日本をはじめとして世界中で手本と見なされている――ゾーン間のポジショニング、相手のプレッシングやマークを引きつけるプレー、ワンタッチで素早くボールを動かすプレーの組み合わせは、この構造下でこそ活用可能です。

翻って森保監督の五輪代表のやり方は、スペイン代表のそれとある意味対極にあると言えます。

東京五輪日本代表は、フル代表立ち上げ時のパナマ戦とはすでに大きく異なる戦略的な相貌を示していました。相手の陣形を復原的に破壊しうる全体的なポジショニング戦略によって主導的に相手の守備に繰り返し問題を起こしボールを前進させるのではなく、プレッシングとデュエルのポイントを特定・設計し、相手のやり方がそもそも持っているウィークポイント、それでうまれるスペースにあらかじめポジショニングし、それをチームとして共有することで素早く縦に前進しています。特定のシチュエーションやエリアにおいては流動性を見せるものの、相手の陣形やゲーム全体の趨勢を主導的にコントロールするようなマクロな流動性を得られる方法ではなく、その「限定的な流動性」を把握されケアされると打つ手がなくなるのは明らかでした。このやり方を突き詰めていくのであれば、ある程度「整理」したことで明確化したやり方の「幅」をもっと広く取る、このやり方の中で複数のバリエーションを持てるように向上させていく必要があるでしょう。そこでは当然、「幅を狭く取ったから選手たちの自主的な判断がそろいやすくなっていたのでは?」「そこを広げていくと、その判断がそろいにくくなるのでは」という問題も生じるでしょうが、「選手たちが自主的に考え判断する」コンセプトを堅持するのであれば、いずれにせよクリアしていかねばなりません。森保ジャパンは、そのような足場の上で、いよいよカタールW杯に向けたアジア最終予選に臨むことになります。

第5章
森保ジャパン、最終予選の戦い

最終予選開始時の森保戦略の現在地

本書第1章で、サンフレッチェ広島監督の引き継ぎ時、森保監督がみせた戦略家としての五つの行動をここで改めて引き、最終予選開始時の日本代表がどのような相貌を見せていたか、見ておきたいと思います。

（1）問題の特定（何が弱みか）と改善

ロシア大会、特にラウンド16のベルギー代表戦でみられた「ピッチ内で生じる変化（本書でいう、ゲームとしてのサッカーが連続的に生み出す混沌）への弱さ」を、「ピッチ外の計画や指示を待つことなく、ピッチ内の選手たちが自発的にコミュニケーションをとり、解決方法を探し、打ち出していく」、そのような解決を可能とするグループに成長させていく、という方向で改善する（本書で「委任戦術」としている方法）。

（2）特徴、独自性の認識（何が強みか）

ヨーロッパ各国のトップリーグで、高いレベルの競争を日常としている選手たちが多くを占めるグループ。グループとしてまとまろうという意識の強さ。個人の走力、集団的な走力の高さ。長短のスプリントを繰り返す能力の高さ。

(3)「最低限求められる競争力」の客観的定義(競争基盤の明確化)

1対1のデュエルの強さ。局面局面の強度の高さ、一試合を通じてのインテンシティ高いプレー、プレッシングを継続できること。複数のポジション、役割を担えるインテリジェンス。ピッチ内、グループ内で問題解決するために求められるコミュニケーション能力。

(4)(1)~(3)を統合して「勝利する可能性の高い戦略的枠組み」を組み立てる

ミドルブロック+ミドルプレスからのカウンターを基盤とした、ハイ・インテンシティのカウンターサッカー。それをベースに、ハイプレス、カウンタープレス、ローブロック+ロープレスを組み込み、チーム力を向上させていく。

(5)「戦略的枠組み」の中で、中長期的な上積みとする要素を設定、発展させる

大きな枠組み、チーム戦略でありゲーム戦略でもある(4)の中で、(1)を向上させて戦術的な柔軟性を確保していく。双方を高いレベルで融合させて「戦略面でも、個々の戦局(戦術的解決が求められる場)でも強みを発揮できるチーム」を作り上げていく。

こういった相貌、方向性が、アジア最終予選の中でどのように表現されていったのか、整理、発展、修正されていったのか、見ていきます。

第1節オマーン代表戦——委任戦術の「対応力」不全

2022年カタールワールドカップ・アジア最終予選、日本代表は初戦のオマーン代表戦に敗北しました。ホームでの敗戦以上に、内容面で相当に上回られ、90分を通じてゲームをオマーンの思惑通りに支配され、思惑通りに点を取られるという形で、最終予選の展望に初戦から暗雲たちこめるという戦いとなりました。チームの立ち上げ後ほぼ3年が経

過し、その間に蓄積された取材・選手コメントなどの証言から、戦術的な判断、時には戦略レベルの判断をも選手たちに委任することで「ピッチ上で起こる様々な問題に対し基本的に選手たちで対応する。対応力を向上させ、その対応力で勝利する」。カタールW杯ベスト8をその「委任戦術」で勝ち取るという戦略を森保監督が採っていることは、この時点ではほぼ明らかになっていました。本書第1章で挙げた五つのポイントのうち「(5)「戦略的枠組み」の中で、中長期的な上積みとする要素」は、この対応力養成と見なすことができます。

その戦略から考えると、コンディション差はあったにせよ、オマーン代表の仕掛けてきたアタッカー3枚+CH3枚で完全に閉じてしまう[4-3-3]ブロックからのカウンター、日本のDFラインにギャップメイクする周到な準備に対し、試合を通じて有効な対応をできず、ソリューションを見出せなかったことは、敗戦以上に大きな問題でした。

第2節中国代表戦——委任戦術の収穫

第2節、中国代表戦は文字通り負けられない戦いとなりましたが、勝ち点3

W杯アジア最終予選
グループB　第1節
2021年9月2日
市立吹田サッカースタジアム(大阪)
日本－オマーン　0-1
アルサビ　88′

を確実にもぎ取るだけでなく、「委任戦術」を必要な水準で遂行できたか、カタールW杯本戦がおよそ1年後に迫る状況にふさわしい進捗を示せるかという課題にも、日本代表は同時に直面していたと言えるでしょう。

ボール非保持時［4－1－4－1］、もしくは［4－4－2］の守備ブロックから攻撃時には［4－3－3］に移行する。同格以下の相手にはビルドアップを試みつつも、前線の選手が優位性を得られる場合は、ロングボールによる陣地確保、陣地回復を最優先にゲームを進める。高い位置から守備を仕掛けるオプションも持つが、奪いきる優先順位は低く、相手を追い込み自陣深い位置でミスを誘うか、蹴らせてボールを回収、ロングボールからの陣地確保につなげていく。

それが中国代表の通常のやり方でしたが、日本戦では陣形、やり方を大きく変更してきました（図5－1）。3バックシステムを採用し、ボール非保持時には両サイドのWBが下がって5枚のDFラインを構成する［5－3－2］で自陣に引き、日本の攻撃を受け止めます。WBは日本のWG（SH）を見ていますが、ぴったりとマークしサイドに付いていくのではなく、インサイドへの侵入

W杯アジア最終予選
グループB　第2節
2021年9月7日
ハリーファ国際スタジアム（カタール）

中国－日本　0－1

大迫　40′

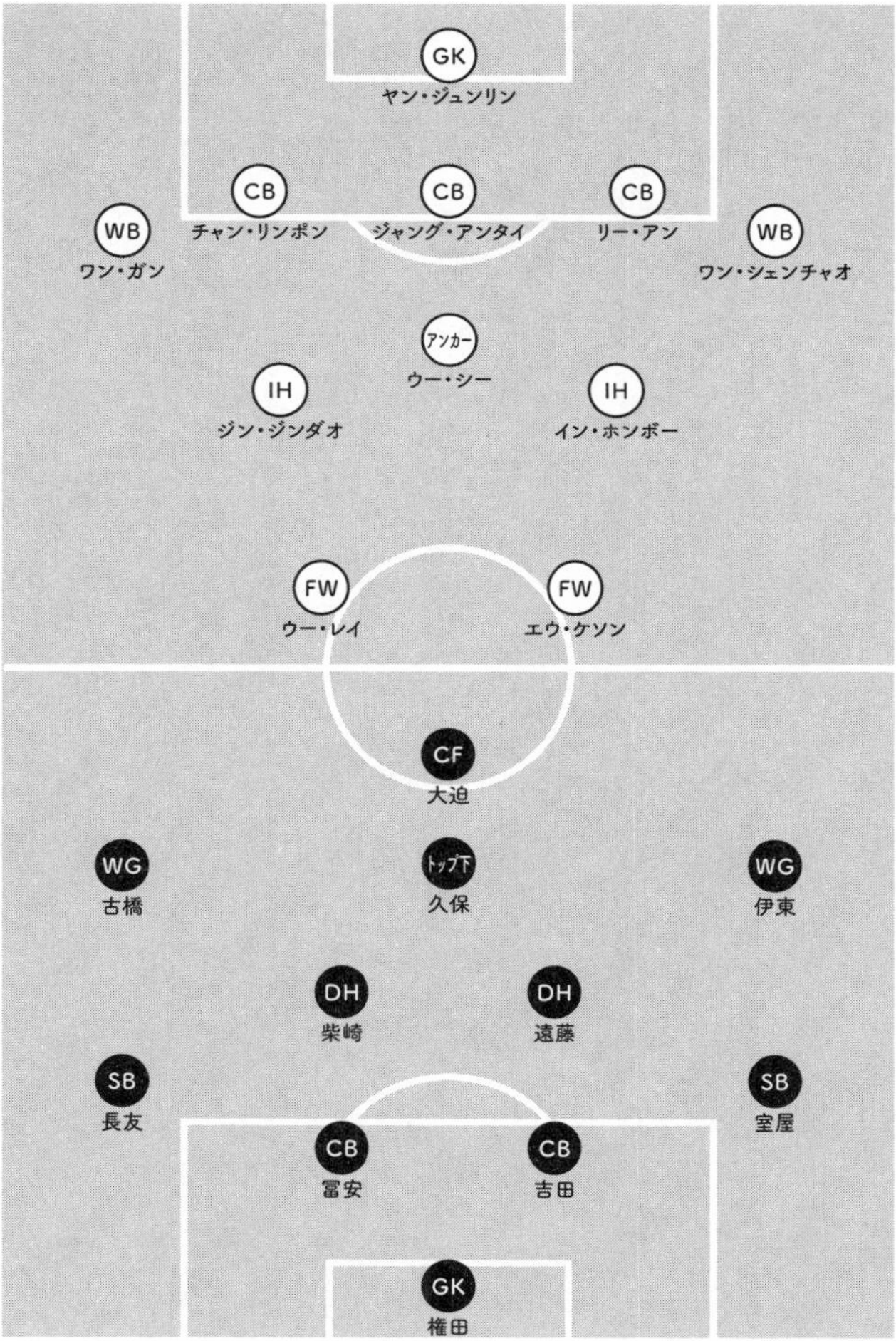

図5－1　中国代表戦の初期フォーメーション

を警戒しているという格好。サイドに張る日本のWGなりSBなりにボールが出た場合は基本的にWBではなく、ボールサイドのインサイドハーフが出て対応します。CBとWBの間にギャップ（隙間）を作られることを阻止し、ゴール前（ボックス前）を3枚のCB+2枚のWB＝計5枚のDFと3枚のDHでしっかりと固め、中央（インサイド）での日本選手のコンビネーションアタックが機能するようなスペースは与えない。サイドの守備が手薄もしくは遅れる形になりますが、しっかりと自陣に引いて日本にDFライン裏のスペースを与えなければ――中央でDFラインがしっかりと準備できる状態であれば――中で対応できるのでクロスをあげさせてもよい、という割り切り方でした。

ボール保持時には右WBが右SB化、左CBが左SB化して「4－3－3」に変化しますが、攻め手はロングボールを蹴って陣地回復を最優先なのは変わらず。けれども「5－3－2」で自陣に撤退するため、ロングボールを引き取る前線の選手も低い位置に引いたところから単独で前に出て行くため日本の陣形内で孤立しボールを失うシチュエーションが多く、カウンターもほとんど成立しないという状態でした。ゴール前に確実に鍵をかけ失点を避け、ロングボールから一種の〝事故〟を起こしわずかでも得点機を得られれば――。

そういう戦略だったかと思われます。当時の報道によれば、日本代表は中国がこのやり方を採ってくることを全く予期しておらず、試合開始前に配布されるメンバー表から「3バックの可能性大」とはじめて認識し、限られた時間で突貫での準備を余儀なくされたといいます。中国代表が「5－3－2」での自陣撤退を採用した試合は直近では基本的にはないため、それ自体は致し方ないことだと思われます。

その一方で、「サッカーは常に想定外の事態が生じるもの」ゆえに「ピッチで選手たちが判断し、対応しなければならない」として選手への委任戦術を採っている日本代表としては、これはある意味、おあつらえ向きの状況でした。

繰り返される試行錯誤

この試合の立ち上がり、日本代表は様々な方法で中国代表の対応を観察しています。「失点をしないこと」を最優先に設計された中国代表の差し手に対して、どこでスペースを生み出し、活用し、狙いを持ってゴールを陥れるか──。

日本はまず、サイドから攻撃を仕掛けた時の中国代表の対応を見るところからスタートしました。特に、中国代表のWBがどう振る舞うか。WBがマークに出てこないのであれば、誰が日本のサイドアタックをケアするのか。「5－3－2」の守備では、WBがステイするのであれば中盤の3枚のうち、ボールサイドのインサイドハーフが動くのが定石です。前半10分頃まで、日本代表は、サイド〜中央でボールを出し入れするなかで、WBの動きを確認しつつ、そのタスクを肩代わりするインサイドハーフの仕事範囲がどれほどか、確認を進めているようでした。中国のやり方では、日本のSBはサイドでフリーになる、もしくはプレッシャーをあまり受けずに前進できることを見て取ると、その状況を利用しSBからの攻撃パターンを様々に試していきます。サイドで時間をかけてからのクロスでどうか、アーリークロスはどうか、アーリークロスを上げると見せかけてライン裏に走る選手を使うボールを出し、そこから相手の対応・崩れ方を観察するなど。

通常、［5－3－2］で中央の閉塞を優先した守備を行うと、インサイドハーフのタスクが過重になります。WBが見ることのできないサイドのケアはもちろん、前線の2枚に与えられた守備タスクの軽重によっては、適時前方に進出して彼らの守備を肩代わりすることも求められます。そのうえ、3枚のCHの一角としてDFライン前のスペースもプロテクトしなければなりません。中国代表の［5－3－2］もこの通例にもれず、インサイドハーフはサイド、中央、2トップ後方と、3つのエリアをケアしに動き回ることになっていました。日本は、やはり前半10分頃までには、この問題を把握して、中国側インサイドハーフのタスク過多を利用した試行錯誤を進めています。前半15分前後には、以下の情報をチーム全体が共有していたようです。

- ボールの動かし方次第で中国代表のインサイドハーフを動かし、スペースメイクできる
- 対面となる相手WBが大外まで付いてこないので、サイドをSBに任せることができる

そこで、WG（伊東純也、古橋亨梧）がインサイドに入りインサイドハーフのいなくなったスペースを活用するシーンが連続します。

ただ、これは日本代表の悪癖につながりやすい形でもありました。サイドの選手が中央に入ってきて中央に密集を形成してしまうため、カウンターを受ける際にがら空きとなったワイドのスペースを使われたり、中央の密集を縦方向にスキップされて人数が薄くなった場所を使われ危険な状況を招く。何度も苦汁を飲まされた形です。とはいえ、過去の日本代表も、森保ジャパンもあだやおろそかにサイドの選手のインサイド侵入を使うわけではありません。この試合のように相手のやり方にアジャストするために中央への侵入頻度、人数を増やすというケースも多いのが実情です。そもそも、相手がそこを捨てる選択、準

備をしている場合は単純にワイドに張ってもスペースメイク、ギャップメイクはできません。そのような局面で、ワイドにポジショニングするアタッカーが適時インサイドに入っていくことで相手を動かそうとする、脅威を与えようとするのは世界的な傾向であり、だからこそワイドでもインサイドでも仕事のできるWGが、現代では主流になっています。日本代表、日本サッカーに足りないのは、そういったポジション移動からの選択肢がインサイドでのコンビネーションアタックに偏ってしまうこと、インサイドのポジショニングから相手を外側に動かすチームとしての戦術、グループワークに乏しいといったことと思われます。このため、相手からすれば日本が広くポジショニングしている時はサイドアタックを警戒、インサイドに多人数がポジショニングした状態からのアタックは中央で人数をかけたコンビネーションアタックを警戒、と対応と反撃が容易になってしまいます。その傾向はこの試合でも現れており、中国代表にほとんど攻撃機会を与えず日本代表の攻撃練習といった趣のなか、試行錯誤は重ねれどもなかなか相手を効果的に動かせない時間帯が続きます。

前半18分前後からは、中国がプレッシングを行わないため、ほぼ完全にフリーとなり精度の高いプレーが恒常的に可能な状態にあるCB、主に冨安健洋からのロングフィードでエリアを取る、エリアチェンジをすることで中国の陣形を縦に、左右に動かしてスペースを得ようという試行錯誤も重ねられていきます。

「解決までに時間がかかる」という問題

前半40分、伊東の突破からの先制点が生まれます。伊東の頭脳的なポジショニングと、そこからのランを伊東が最も効果的に活用できる最適なタイミングでパスを出した遠藤航、その意図を的確に察知し最適な駆け引きとスピードでDFライン裏に走り込んだ大迫勇也の三者のプレーが、中国が最も警戒していた「サイドでスピードアップを許し、中央のDFラインの準備が整わないうちにシュートに持ち込まれる」というシチュエーションを生み出した素晴らしい得点シーンでした。

中国はインサイドハーフとWB、CBのタスクの組み合わせで日本からDFライン周辺のスペースを奪い、サイド攻撃のスピードを落とし裏に出づらくさせ、そのことでDFラインがゴール前に人数をそろえ、侵入してくる日本のアタッカーを前方に置いてマークしやすくしていました。日本のサイドアタッカーがその監視枠内で行動しても、思うようにプレースペースやランのコースを得られず、この仕組みを壊すことがなかなかできませんでした。ならばと伊東は彼らの監視枠内に入っていくのではなく、足を止めてその外側にポジショニングし、WBやインサイドハーフからあえて遠い距離を取ることで「自分の周囲に誰もいない＝自分の周囲にスペースを作り出す」ことに成功しました。そして、そこでボールを受けると、助走を取る形でスピードアップし、そのスピードのまま、対応に出てきた中国選手を振り切ってDFラインの裏に出てクロスを上げたのです。伊東のポジショニングからの攻略は、この試合の中国代表のやり方を逆手にとった見事なものでした。

想定外のやり方を採ってきた中国代表に対して、日本代表はその委任戦術の狙い通りに、ピッチ上で選手たちが自主的に対応し、試行錯誤してソリューションを導き出して得点し、勝利しました。そのこと自体はポジティブでしょう。ただ、攻略の糸口を見出すのにおよそ20分、実際に攻略に結びつけるまでに40分、ほぼ前半丸々消費しています。これは森保監督の日本代表にとって常態で、「事前の分析を選手たちに落とし込む濃度を高めた試合」以外――事前落とし込みの濃度を低くした試合、中国戦のように相手が想定外のやり方を採ってきた試合――では、ほとんどすべての試合で、相手のやり方の確認に前半の半ば程度、チームでのソリューションの共有と実行までに前半いっぱいの時間を消費しています。

これは、現在のチームにおける最初のビッグトーナメントであった2019年アジアカップグループステージ初戦、トルクメニスタン代表戦での「対応」と概ね同等のタイムラインでもあり、「委任戦術」でソリューションを生み出せる「所要時間」に、2019年と2021年のチームで大きな差はないということになります。

日本代表の「対応力」は、目標とするカタールW杯ベスト8進出の実現に足るような向上を見せているのでしょうか。それとも「それがサッカーなのだから、（1試合のなかで）この程度の時間がかかるのは当然」なのでしょうか。

また、中国が力関係的に日本に対するのと同じような劣位にあるオーストラリア代表に対してはこの戦術を採らず、日本戦のみ変更してきたことを考えると、日本に相対する敵はすでにこう考え始めている可能性があります。すなわち、こうです。

「日本はピッチインしてから選手たちに対応を考えさせているので、これまでやっていないやり方をぶつければ、彼らがその場で考えて試行錯誤をはじめ、こちらの攻略に手間取る時間を利用して一撃を与える、ひと泡吹かせる可能性が高まる」

「彼らが手間取る時間をできるだけ長く取れれば、勝利できる可能性、勝ち点1を手にできる可能性が高まる」

「日本の想定と違うやり方を採用する」ということは、自チームにとってもいつもと異なるやり方になるため、「パフォーマンスを落とすデメリット」よりも「日本側がピッチ内対応に手間取り時間をロスすることによるメリット」のほうが大きいと相手が判断しているということでもありますし、日本をこのように見ているということでもあります。

「日本は〝ピッチ内で考え対応する〟という戦略を採っているが、必要な水準に達していない」

「必要な水準に達していない戦略に固執しているのは日本の弱みである」

日本がこのやり方で勝っていくためには、それが弱みではなく明確な強みになるように「対応力」を向上させていかねばなりません。

このチームはこの時点で、立ち上げからすでに3年が経っていました。その間に東京五輪という「本番」も挟む関係上、五輪世代の融合をはじめから視野に入れたラージグループを形成し、「選手たちの判断」を重要視し、委任戦術でチームの対応力を必要な水準まで上げる方針を3年間遂行してきました。既に論じた東京五輪の結果と内容から振り返っても明らかなように、準備してきた範囲内ではチームで判断をそろえ、いい判断からの選手たちでの対応を遂行できるが、相手が対応を変えてくると判断が遅れてしまい、必要な（求められる水準の）対応ができない——2021年、カタール大会へ向けた最終予選の時点で、日本代表はいまだその状態にあるのが現実でした。

改めて「委任戦術」を考える

ここで、森保監督の進める「委任戦術」について、改めて整理しておきましょう。

基本的には、「戦術的問題の解決を、ピッチにいる選手たちの自主的な判断、意思決定に委ねる」ことを主眼としています。これまでの試合を検討する限り、本来は選手ではなく、チーム指導部が規定するチーム戦術、相手に対応する作戦の範疇に入る判断、意思決定が選手たちに委ねられている節があります。とはいえ、いわゆる「丸投げ」ではありません。通常のチームにおけるように指導部が対戦相手を分析し対策、ゲームプランを用意しているようです。直面する状況や試合の「位置づけ」に応じ、それらを選手にプレゼンテーションする濃度を調整、「現場判断による運用の自由度」＝「選手たちがピッチで考え意思決定する余地」を広めたり狭めたりしながら、自由に考え解決策を見出すチーム力を高め、結果も出していく。計画や指令によって戦うのではなく、その場その場での自主的で迅速な判断で、サッカーという流動的で不確定要素の強いスポーツに立ち向かっていく。そのことが日本代表を、ひいては日本サッカーを強く大きくしていくはずという考えがそこにはあるようです。「競争力の基礎となる客観的定義」「勝ち目の大きい戦略」を策定した上で実施する「戦略に基づく戦術的大枠（ゲームモデル）」にさらなる強みを中長期的に肉付けしていくものとしての「選手たちの自発的な判断、対応力」、それを促す「委任戦術」――それは、サンフレッチェ広島時代から森保監督が追求してきたものでもありました。

そのようなマネジメントを行い、チームを成長させていくためには、個々の判断を促す曖昧な領域をあえて残しつつ、その曖昧さを解消していく緻密で不断のコミュニケーションが何よりも重要になるでしょう。そこでは、指導部から現場へのアプローチが、通訳を介する異文化コミュニケーションを挟むのは望ましくないでしょうし、互いへの思いやり、協調と和、それによる緊密な意思疎通、阿吽の呼吸の創出が「得意である」という「日本人の特徴」を活かす、ということになります。是非は兎も角、それが「Japan's Way」（ジャパンズウェイ）ということになるし、委任戦術こそ、ジャパンズウェイに最適であるという考えになるかもしれません。その意味で、ジャパンズウェイはたしかに戦術ではありませんが、戦略レベルの方針とは言えますし、「委任戦術」と論理的に整合していると考えられます。

次戦のサウジアラビア戦において、その委任戦術はどのように機能し、また問題点を露呈したのでしょうか。まずサウジアラビア代表のやり方や長所、問題点について考えてみましょう。

第3節 サウジアラビア代表戦――敵の「弱点」へのアプローチと、その反作用

サウジアラビアは、ポジショナルプレーを実装したモダンなチームです。配置の均衡状態を意識した［4―2―3―1］のオリジナルポジションから、ビルドアップなどのボール保持時や非保持時、プレッシング時に適切な陣形の変化を行い、様々な状況に対応しながらも全体のバランスを崩さずチームプレーを安定させることを狙っています（図5―2）。

キーマンは、トップ下の7番アル・ファラジュ。彼はフリーマン的な行動の自由を戦略的に担っており、広範囲を動き、攻守両面、広範囲のプレーに関与

W杯アジア最終予選
グループB　第3節
2021年10月7日
キング・アブドゥッラー・スポーツ・シティ（サウジアラビア）
サウジアラビア―日本　1―0
アル・ブライカーン　71′

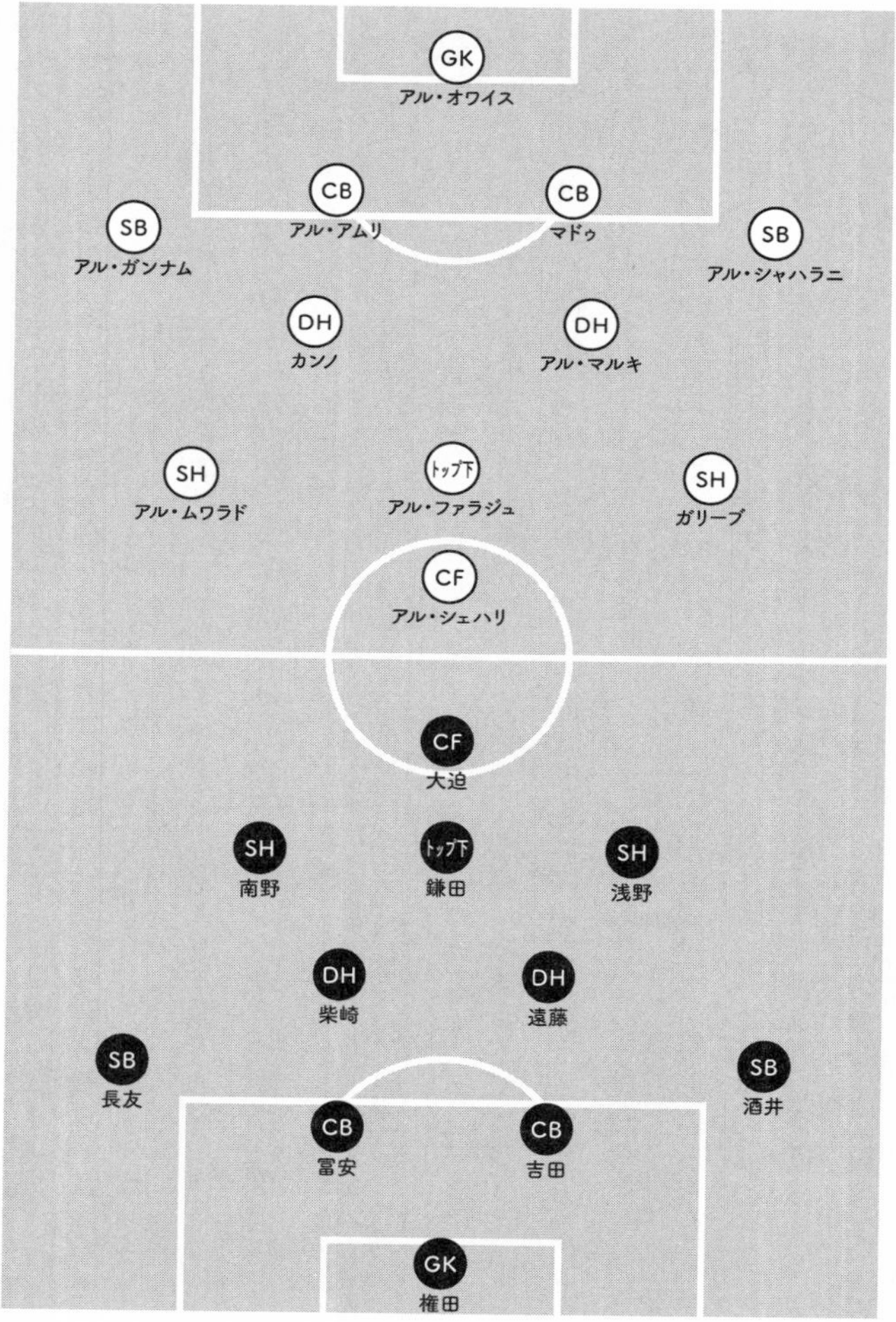

図5－2　サウジアラビア代表戦の初期フォーメーション

します。DHの1枚がサイドに出たり1列上がれば、その空けた場所に下りてサポートやカバーリングに関与。時にサイドに開いては、SHがインサイドに侵入可能なスペースを生み出し、その動きを活かすためのボールの一時避難所や配球元になりつつ、ボールロスト時の備えにも参加します。同じくチームの心臓となるボールプレーヤーの2DH（モハメド・カンノ、アル・マルキ）と、左右のSHにその特徴を活かさせつつ、ミドルゾーンのポジショニングバランスを保ち状況に応じたプレーを加えていく役割を担っています。サウジアラビアは、アル・ファラジュのタスクを鍵として、状況に応じた変化をしながらも相互支援可能な位置関係をできるだけ崩さないようプレーしています。互いの位置が離れているように見えても、ボールロスト時には相手のボール前進を抑える位置に効率的に集結し、即時奪回、1stプレスやプレスバックを挟んでからの奪回を低からぬ確率で成功させ、そこから淀みなくチームとして次の行動に移ります。ポジショナルプレーで期待される攻守・トランジションのリンケージを実現しているチームだと言えます。

ただ、そのメカニズムに不備がないわけではありません。ポジショナルプレーを採用し、ピッチを5レーンに分割してハーフスペースを起点に攻撃的に振る舞おうとするチームに往々にしてあることですが、ボールロスト時にカウンタープレスが失敗した場合、自分たちが使っていたハーフスペースを守れなくなり、そこから崩される場合があります。3人のMFが逆三角形を形成するアンカーシステムではなく、2人のDHと1人のCH（トップ下）で正三角形をなす形を採用し、その危険に対して意を払ってはいますが、「そこに誰もいなくなる」デメリットよりも、エルヴェ・ルナール監督はアル・ファラジュを中心とした流動性のメリットをより重視しているようでした。

このような場合、より低い位置でサイドを守るはずのSBをDHの位置に絞らせてハーフスペースと中央をプロテクトするという手段（いわゆる偽SB）がありますが、サウジアラビアの両SBはそういった振る舞いを恒常的なタスクとしてはおらず、アル・ファラジュの動きによって両SHがインサイドに頻繁に入っていくことから、SBは攻撃ではサイドアタック、守備では高い位置で相手のサイド攻撃のアタマを抑えるといった仕事を主に担っていました。おそらく、彼らの攻撃力を生かすためにインサイドでDHのサポートをするウェイトを下げているのではないかと思われます。さらに、サイドアタッカーとして高い位置で攻撃的に振る舞うことの多いSBの裏のスペースの守り方にも不安定要素があります。SBが上がる場合、通常はDFライン（CB）がスライドするか、DHが移動してSB裏を監視し、ブロックします。けれども、サウジアラビアのCBは簡単に動かず、中央を守ることを最優先にした振る舞いを見せ、DHは5レーンのどこかを占めておくという基本を放棄することはないにせよ、アル・ファラジュ循環で求められるタスクセットのなかで流動的に立ち位置を変えています。SBの裏を守ることに重きを置く選手が存在せず、そのタスクは状況に応じてシェアされているということになります。

これらの特徴から、サウジアラビアのプレー循環のプロセス上、空きやすいスペースやエリアを特定することができます。SBの裏、ネガティブトランジション発生時のサウジ側ハーフスペース、そこを見せ金にして空けさせることのできる中央とサイドのスペース、です。

分析に基づく備えと、典型的な「森保ジャパンの試合」

日本代表は、サウジアラビアの攻め手を阻害する意図とともに、これらのスペースを陥れるための人選と布石をもって試合に臨んでいました。

サウジアラビアと同じく「4－2－3－1」でスタート。前線の選手たちはサウジアラビア代表がプレー構造上、空けてしまうスペース・エリアを狙うタスクを担っています。右SHの浅野拓磨はサウジ左SBのアル・シャハラニをケアしつつその裏を窺い、左SH

の南野拓実は絞ってインサイドに位置し、サウジアラビア代表が自らのハーフスペースに作ってしまいがちなエアポケットを、リンクマンとして活用する構えをしばしば見せ、実際にそこからいくつものチャンスを得ています。トップ下の鎌田大地は、攻撃的MFとして浅野、南野、CF大迫勇也と連携しつつ、DHの柴崎岳、遠藤航とタスクを按分して時には2DH＋1CHの正三角形を組み、時には遠藤をアンカーとした逆三角形を構成して柴崎と共にインサイドハーフの仕事もこなし、南野が前方に進出している局面では彼のオリジナルポジションに入ってサウジハーフスペースの裏を取るリンクマンとしてもプレー。サウジのアル・ファラジュに似た多くのタスクを引き受けていました。鎌田がこういった多彩なタスクを遂行することによって、サウジアラビア代表の中盤の変化に適応することが可能になります。ただ、この形の変化については「いつ、どう変化するか」を決める明確なトリガーが見えませんでした。人選とタスク配分で布石は打っているが、どういった案配でサウジの変化に対応するかは、現場の運用に任せていたものと思われます。

また、サウジアラビアはボール非保持時に「4－4－2」の陣形を組んでハイプレス・ミドルプレスを仕掛けてきますが、中盤のMFが担う流動性の代償として、2トップのプレッシングとMFのそれが連動せず、「4－4－2」の「4－4」と「2」の間にスペースが生まれ、相手のビルドアップ隊に余裕を与える局面がままあります。鎌田、柴崎、遠藤はこのスペース、セットDF（陣形を整えてからの守備）からのプレッシングのエラーを活用してビルドアップの起点を作っていました。試合開始時は左DH（サウジ右）にいた柴崎が右サイドに移動し、そこからサウジSBの裏狙い、裏狙いを見せ金にした配球を行い、サウジアラビアに脅威を与えようとしていました。

このように、日本代表はサウジアラビアを周到に分析していたと見ることができます。実際の試合展開をみると、事前準備に基づいて打った布石を足場に、そこからソリューションを見出すための運用は現場の判断に任せる典型的な「森保ジャパンの試合」になってはいました。が、敵のやり方に問題を起こしうるスペースを特定し、彼らを陥れる布石を打つ備えをもっていたのは確かです。では、どこに、なぜ問題が生じ、敗戦にいたったのでしょうか。

サウジがさらけ出す「弱点」を攻めることによって生じる日本側の「隙」

第一の問題は、サウジアラビアの「問題点」は彼らのプレー構造、プレー循環の中で「ウイークポイントでもあるが、そこを活用しようとする相手を引き込んで逆襲するための必要条件でもある」可能性が高いこと、その可能性に対する備えが日本側にほとんどなかった（なかったようにみえる）ことです。サウジアラビアは、たしかに上述したスペースを明け渡しがちなチームになっているのですが、これらのスペースを失陥し相手に突破された後もカウンタープレス（失敗）→2ndプレス（失敗）→撤退してブロック形成という段取りに則って守備を組織します。「やられたくないことをやられた場合」の準備がすでにできているということですが、日本代表は彼らがブロック守備に移行した場合にどこを攻めるかについても準備をしていたので、問題になったのはそこではありません。

彼らが、単に守備局面に移動しているのではないことが日本に問題をもたらしました。カウンタープレスによる即時奪回にせよ、セットDFに移行してからのボール回復にせよ、その後の攻撃へ遷移（ポジティブトランジション）しやすいポジショニングやアクションを包含した形でサウジアラビア代表は守備を行っており、それはすなわち相手（日本代表）がこの「弱点」を狙い、「人の移動」によって「自分たちのバランスを崩して」仕掛けてきた場合、サウジはその「バランスを崩した」場所を狙って自分たちの攻撃をすぐさま再開できる、ということを意味します。日本代表の「サウジアラビアの弱点への襲撃」は、得点可能性を高めるものである一方で、計画的な反撃を受ける危険をもはらんだ「隙」になっていたのです。「サウジの弱点をどう突くか」、実際の運用が選手たちの判断に任されていたことが、その危険性をさらに強める結果になっていました。たとえば、前半目立った柴崎の右サイド移動からのゲームメイク。これ自体は「サウジのプレッシングから逃れながら、弱点を使う」という意味では好手だったのですが、サウジアラビアにボールを奪回された後のことを考えると、以下のような問題を抱えていました。

（1）バイタルエリアを守るべきDH（柴崎）がサイドに張っており、定位置にいない
（2）サウジの弱点を突くため攻撃に特化したポジショニング、局面であるため2列目の鎌田や逆サイドの南野も前目にポジショニングしている
（3）遠藤が孤立する

日本のバイタルエリアは危険なまでに開放されていました。注目したいのは、この形を取る上で逆サイドSHの南野、もしくは南野の代わりに鎌田がDHのラインに入っていつでも遠藤周囲のスペースをプロテクトできる位置にいないこと、後方のCBやSBがその代わりにそこを消せる動きをしていないこと、です。サウジアラビアからすると、「自分た

ちの弱点を攻略するために相手の陣形がバランスを欠いた状態になっている」まさにそのものといった状況で、こういった「攻撃の形」からボールを失った後、このような敵陣のスペースにあらかじめアタッカーをセットさせているサウジアラビアの反撃に、日本は悩まされていました。

問題の核心は、「相手の弱点を狙う攻撃の形はあるが、バランスを失うリスクをどうプロテクトするかは考えられていない」というところにあります。「相手の弱点の分析、それに対する人選と方向性は示されているが、実際の運用は選手に大幅に委ねる」という日本の委任戦術の落とし穴を、こういったところに見ることができます。単一の局面については考えられているが、その局面が次々と新たに生成していく局面に構造的に対応していくことはできていません（柴崎を中心とした右サイドのユニットが考え、実施した意思決定の意味やリスクが逆サイドのユニットやDFラインのユニットにまで波及・共有されるまでかなりの時間が経過しているか、前半中には共有されていません）。ですが、サッカーのように状況の進展がスピーディかつ、タイムアウトが基本的にないゲームでは、「現場の判断と運用」のみでこういった構造的な問題に十分に対応するのは、困難なように思えます。

サウジのプレッシングの変化に対応できなかった「委任戦術」

後半、サウジアラビアがプレッシングのやり方を変えてきたことで、日本にはさらなる問題が生じました。前半、既述の通り彼らの［4－4－2］からのプレッシングは、中盤と前の2枚が分離しがちになるという難点を抱え、日本はそれを利用して幅を取った深い位置からのビルドアップを成功させていました。対して後半、サウジアラビアはプレッシングのやり方を修正。日本がサイドに出すボールに対して2FW＋1DH、2FW＋SH、1FW＋1SH＋1DHなど、逆三角形のグループを組んで、日本のビルドアップに関与するCB＋SBとDHにプレッシャーを与えることに成功します。前方の［1－2］がユニットを組み、ボールサイドに歪む［4－3－1－2］でのプレッシングで、日本のビルドアップの幅と深み双方にプレッシャーをかけられるような変化でした。

こうなると日本は前進しづらくなり、ボールは前で詰まってバックパスが多くなります。サウジの変化によって生まれた難しい状況を改善するため、日本のDH（柴崎）やSB、SHが無理なポジション移動を行い、密集化しすぎてしまったり、逆に離れすぎて相互支援できなくなり、サウジアラビアが後方に用意しているプレッシング網につかまりやすくなる状況になっていました。そうなると、前半も彼らにチャンスメイクをもたらしていた、ポジティブトランジションにおける優位性を、彼らはより活かすことができます。

この「プレッシングの変化」こそ、「何が起こるかわからないサッカー」のピッチにいる選手たち自身が自主的に観察し、判断し、対応を考え、コミュニケーションを取ってチーム全体で共有し、乗り越えねばならない難問でした。けれども、日本代表は後半のほとんどの時間帯を通じて効果的な対応をできていません。権田があわやというプレッシングを浴びたピンチや、決勝点となった失点の直接の原因となった柴崎のバックパスのミスは、こういった状況の変化に日本の「ピッチで考える」やり方が追随できなかったために起きたものと思われます。

サウジアラビア戦で、日本に劣勢と失点をもたらした問題に共通するのは、「問題に直面するグループ」と「それ以外のグループ」間でのタスクや判断の関連付け、意思決定の関連付け、シェアに少なからぬ時間を要するという点です。サウジなど他チームがチーム戦術、チームとして標準とするプレー構造(ゲームモデル)、メカニズムによってなかば自動的に判断できる(判断しようとしている)要素、局面の少なからぬ部分をも「現場で判断」としているため、「観察→判断→共有→意思決定」の工程の大部分を、準備段階での局面予想と対応の事前共有で自動化していることによってスキップできる相手に対し、そこを丸々試合中に考えないといけない。それだけでも時間がかかるのに、ひとつの意思決定が及ぼすリスクについての意思共有にも時間がかかり、チーム全体の構造的な改善はさらにその先になり、リスクはその間、放置される。「相手のやり方や変化に対し、構造的なものも含む大がかりな対応が求められると、ソリューションの打ち出しに非常に時間がかかるか、打ち出せないまま終わる」問題は、このチームの立ち上げ時から露わになっているものですが、最終予選の大一番で致命傷になった格好となりました。

他チームでは、戦術やゲームモデルによってあらかじめ一定程度は設計されている「ピッチ上のグループ同士のつながり、関連付け、問題の共有」、まさにそこをピッチ内での意思疎通と話し合いによって作り上げる、つながっていないものをつなげるということ自体が、「〝ピッチで考えよう〟という日本の委任戦術の核心のひとつなのではないか?」と、これまでの経緯を見ている限り感じられます。

そうでなければ、相手の変化への対応に前半45分を丸々要したアジアカップ初戦のトルクメニスタン戦や、決勝のカタール戦の時点で何らかの方針・方法の転換がなされているはずです。それがないように見える以上、日本代表はこの委任戦術を、このような進め方、このようなタイム感でカタール本戦まで推し進め続けるということだと思われました。

続くオーストラリア戦で、敵将グラハム・アーノルド監督は、日本代表の「委任戦術」に内在するこの問題を利用しようとするかのような、予想外の仕掛けを行ってきました。対する日本もまた、おそらくオーストラリアにとって可能性の低いオプションだったであろう「奇策」で試合に臨み、双方にとって本来の狙いが空転するなか、ちぐはぐなゲームを展開するという興味深い内容となりました。

第4節オーストラリア代表戦――「想定外」の応酬

この試合、日本は田中碧、守田英正をインサイドハーフに起用、アンカーを遠藤航とした3CHを中盤に展開する「4－3－3」のフォーメーションを選択しました。「4－2－3－1」を基本とするオーストラリアの2DH＋1CHの中盤に対し、ちょうどピタリとマーキングが合わせられる布陣です(図5－3)。また、試合が始まると判明したとおり、南野拓実と伊東純也の両WGは、守備時には中央に絞ってハーフスペースを閉じる、もしくは相手のCBとSBの間のコースに位置し、CBとSBどちらにもプレッシャーをかけられるよう備え

W杯アジア最終予選
グループB　第4節
2021年10月12日
埼玉スタジアム2002（埼玉）
日本－オーストラリア　2－1
田中　8′　フルスティッチ　70′　オウンゴール　86′

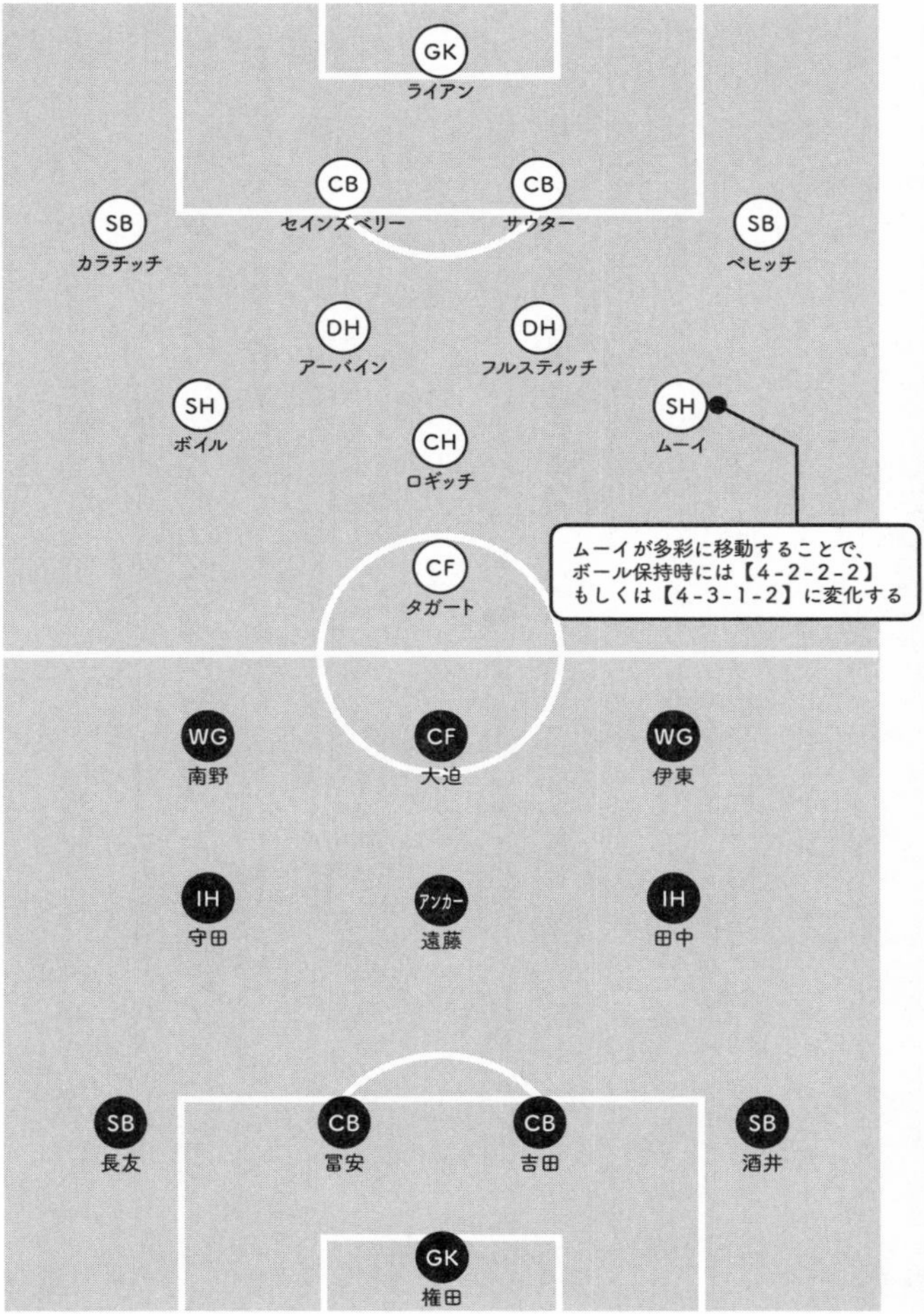

図5－3　オーストラリア代表戦の初期フォーメーション

ていました。

特に前半、日本は中央に絞った［4－3－3］のままミドルゾーンで守備ブロックを形成しながら押し上げていく形を多く見せており、オーストラリア代表の基本フォーメーションやビルドアップに対してプレッシングを仕掛け、寸断可能なプランを立てて試合に入ってきたことが感じられました。

オーストラリアを分析すると、ボール保持時にDHが両サイドに開くシーンが目立ちます。自らも相手のプレッシングをかわしつつ、空いた中央のスペースを自チームの別のポジションの選手が使い、相手のプレッシングの深度を惑わす（ラインを下りていくオーストラリアの選手にどこまでついていくべきか考えさせるなど）ことで、ボール前進をスムーズにするメカニズムにこの行動は結びついています。オーストラリアはポジショナルプレー基盤のバリエーションをいくつも保有しているチームですが、このDHのポジショニング移動によるビルドアップルートの創出はその中でも重要なもののひとつと思われました。日本はインサイドハーフのいるフォーメーションを採用することと、守備時のWGのポジショニング・タスク設定によっておそらくその形にも対応する計画だったと思われます。相手の2DHにこちらの2インサイドハーフをマンツーマン気味に当てながら、WGのポジショニングでCBから外側に逃げるパスコース、ハーフスペースを通すパスコースを奪いビルドアップを詰まらせる。そのような場合オーストラリアはロングボールを相手のDFラインとDHラインの間に落とし、セカンドボールに対しカウンタープレスをかけることで敵陣でボールを確保するパターンを持っていますが、「4－3－3」であればアンカーの遠藤が残っているので、バックラインの吉田麻也・冨安健洋との連携で自由を与えない。オーストラリアDHがサイドに開いても、WGのポジショニングが彼らへのパスコースを阻害、あるいは彼らに直接プレスバックをかけられるようにあらかじめ設定されている上、インサイドハーフが中央からハーフスペースを固めているので、レーン間・ライン間を移動するオーストラリアのポジショニング変換、ビルドアップルート変更に柔軟に対応できる――サウジアラビア戦と同じく、しっかりとした事前分析と準備を反映した人選とタスクセットに加え、委任戦術により鍛えてきた、ピッチにいる選手たちの判断力、対応力で勝ちきれる。そういった思惑だったのでしょう。ただし、オーストラリアがやり方を変えてきたこともあり、日本のゲームプランは試合開始直後から半ば解体され、修正を迫られます。

日本のゲームプランを狂わせたオーストラリアのムーイ

オーストラリアは、オリジナルポジションが「4－2－3－1」を形成するフォーメーションを取りつつ、そこから状況に応じて様々な陣形に変化してきます。日本戦では、左SHに1stチョイスのウインガー・アタッカー、メイベルではなくベテランのボールプレーヤー、13番ムーイを起用することで、これまでの彼らの試合であまり見られなかったバリエーションを打ち出してきました。ムーイはオーストラリアの遠藤保仁、中村俊輔といったクラシックなタイプのゲームメーカーで、状況に応じてピッチのあちこちに移動しながらビルドアップのリンクマンや逃げ場所を作ってボール保持をスムーズにしつつ、相手の守備の基準点を惑わせるのが巧みな選手です。相手の陣形、ポジショニングを見て逆手に取ることもうまく、いわゆる「サッカーを知っている」選手と言えます。

ムーイが起用されるときは「4－2－3－1」のDHの一角やトップ下が多いのですが、この試合では左SHでのスタート。通常、SHは比較的ポジショニング移動や稼働エリアが戦術的に限定されるポジションなのですが、ムーイは完全なフリーマン、サイドからスタートするもう1枚のCHとして起用されているようでした。自チームの状況、日本の状況をうかがいながら中央に移動するだけではなく、DHのエリアに落ちたり逆サイドにまで進出したり、およそ中盤の選手が担いうる様々な動きを見せ、ミドルゾーンのほぼ全域に顔を出していました。このムーイの存在と幅広いタスクが、日本のゲームプランを狂わせることになります。彼の動きは多彩かつ神出鬼没ですが、その役割は煎じ詰めればオーストラリアの3人の中盤に+1として加わり、日本の3枚の中盤に対して4枚を当て、恒常的に数的優位を得るというものでした。

つまり、この試合のオーストラリアは、ボール保持時に従前の「4-2-3-1」ではなく、「4-2-2-2」もしくは「4-3-1-2」と表現しうるやり方で入ってきたことになります。日本の「4-3-3」は、そのタスク構成を見てもオーストラリアが正三角形(トップ下+2DH)・逆三角形(2CH+1DH)どのように変化するにしろ中盤を3枚で構成することを前提とした選択だったので、試合開始の時点で「マークできない+1をどうつかまえるか」「+1が存在することで生じる諸問題にどう対応するか」という難問に早くも晒されることになりました。

日豪双方が直面する「想定外」

結論から記すと、日本代表は「ムーイ問題」そのものには明快な解決策を見いだせないまま試合を過ごしていくことになります。そのため、左右のインサイドハーフが動いた後のスペースや、アンカーがサイドに動いた後、インサイドハーフやアンカーがオーストラリアのトップ下をケアしに動いた後のスペースに狡猾に侵入し、ボールを受けては前進させたり日本のプレッシャーからボールを逃がすムーイをつかまえることができず、オーストラリアが前進する局面をおそらく想定以上に多く許すことになりました。

さしあたり、それぞれの担当するゾーンもしくはレーンにフリーマン（ムーイ）が入ってきたら対応するという形でムーイを監視する、可能であればプレッシャーをかける、つかまえにいく対応を行ってはいます。けれども、オーストラリアは日本の守備に対してムーイが浮く、ということを利用したポジショニング循環を行っていたので、「ムーイに付いてしまったら他が空きそこを利用される」ということ、その状況の発生位置が自陣になってしまうことなどから慎重な対応を余儀なくされ、結果として「事実上の放置」ということになっている様子でした。

日本はこの試合、マーキングをバシッとハメ込んでオーストラリアから自由を奪うことをおそらく狙っており、とりわけ「2枚のインサイドハーフを2ＤＨに当て、オーストラリアの心臓部にプレッシャーをかける」「オーストラリアＤＨエリアに常時プレッシャーを与える」、「そこでボールを奪ってショートカウンターで仕留める」ということを意図していたと思われます。左右のWGがいわゆる「外切り」可能なポジションに付くシーンが少なからずあったのも、その可能性を高める措置だったでしょう。オーストラリアのビルドアップを内側に誘導し、そのボールを受けるDHにインサイドハーフが強烈なプレッシングをかけて奪い取り得点機につなげる。そうなれば、日本にとって理想的な展開だったはずです。けれども、前述のようにムーイのタスクによって中盤のマークを嚙み合わせづらくさせられたことで日本の計算は成り立たなくなってしまいました。ただ、ここからがこの試合の面白いところ、見応えのあるところでした。〝ムーイシステム〟は、日本代表にとっては「用意したゲームプランが空転する」効果をもたらした一方、オーストラリアにとっては「許容可能と計算していたリスクがより深刻に顕在化する」といった状況が現出する要因にもなっていたように見えるのです。ムーイが本来はSHが守るべきスペースを軽々と放棄してしまうため、オーストラリア陣左サイドに大きなスペースが恒常的に生まれることが避けられない状況だったのですが、インサイドハーフのいるフォーメーションを採用していたことによって、日本はショートカウンターの局面でもビルドアップする局面でも、「4－2－3－1」採用時よりもこのスペースをより素早く、より効果的に用いることができるようになっていました。

Ｊリーグで極めて機能的な［４－３－３］システムを採っている川崎フロンターレで主軸を担っていたこのポジションの名手・田中と守田を起用していたことも手伝ってそのようなシーンは前半からいくつも見られ、オーストラリアは思惑通りボールを握って前進でき、カウンタープレスも相応に機能させていながらも、日本の攻撃の脅威を減殺できないという戦況に陥っていたと思われます。

また、日本の［４－３－３］は人選的に３ＣＨ・３ＤＨの陣形としても機能するようになっていたため、ミドルゾーンのマーキングを曖昧にされ、スペースを暴露するリスクに対して、３枚のＭＦでバイタルエリアをブロックすることで「ムーイをつかまえられなくても、引いてスペースを消してしまう」という選択を取る余地がありました。おそらくピッチ上で下されたのであろうこの選択は、オーストラリアによりボールを、主導権を握らせるリスクを伴っていましたが、早い時間に先制できたこと、計画に沿ったミドルプレス、ハイプレスを機能させるのが容易ではなくなった戦況を考えると、悪くない判断だったと思われます。

総体的に見て、この試合はお互いの想定、事前の準備をそれぞれが異なる仕方で裏切る

ような いわゆる「噛み合わない試合」になっていましたが、その状況にお互いがお互いの強化方針に則ってどのようにアジャストしていくか、その試行錯誤に見るべきところの多いゲームだったと言えます。オーストラリアは、彼らのポジショナルプレー基盤のメカニズムの強みを活かすような状況認知、事前に所持している引き出しを開ける速度などで対応していました。例えば、彼らは前半3分と経たないうちに日本が［4－3－3］だということをチームとして認知し、守備時に［4－4－2］ブロックを組む時に最も［4－3－3］側に選択肢を与えない組み方を選択し、一定程度の安定性を確保しつつ、〝ムーイタスク〟の有効性を享受して日本陣に迫っています。日本もまた、事前の計画とかなり異なるピッチ上の風景がおそらく見えていたなか、選手たちは「本来は中央に2枚のDHしかいないところに3枚いる」「中央の選手がサイドのプレッシングに思い切り参加していっても、中央から逆サイドに位置する選手が1枚ずつ付いていて、中央のプロテクトや逆サイドを使ったカウンターに安全に移行できる」といった「［4－3－3］というフォーメーションが本来持つ特徴」を活かすという方向に舵を切り直し、ムーイの跋扈に戸惑い押し込まれながらも、いい場所でボールを奪い返し切り返すといった状況を手に入れてもいました。田中の先制点などは［4－3－3］に典型的なサイド追い込み→プレッシングからのショートカウンターを起点としたものでした。

結果と課題

委任戦術の面からみて、オーストラリア戦はまずまずの内容だったと考えることができます。「入念な事前準備が行われた」「それが効果的に働かない状況が生じた」という点ではサウジアラビア戦と似通っていましたが、早い時間に先制点を奪えたこともあり、オーストラリアがこちらの想定とかなり異なるやり方を採ってきたことに対して余裕を持って対峙できました。「お互いが想定外の状況に対応しなければならない」という戦況を見据え、自らが陥っている問題への的を絞った対応はできずとも、オーストラリアが被っている問題点には付け込めています。

その一方で、失点につながったシーンのようになかなか機能しないWGの外切りに試合を通じてこだわり続け、CBにつっかけたところをサイドにクリーンに通され、それを潰しに長駆出た長友佑都が無効化されて裏を突かれるといった「判断のまずさ」も相当数の局面で見受けられました。外切りの失敗からサイドをクリーンに前進される、長友の裏を使われる、というのは前半から繰り返されていたため、このシーンではオーストラリアの

CBとDHは意図的に日本のWG（南野）の外切りプレッシングを引きつけてそういったシーンを作り出そうとしており、そのもくろみにまんまと乗せられてしまった格好でした。こういった点は、サウジアラビア戦において露呈した委任戦術の穴と同じく、「一部のグループ間で共有されている判断と修正が、別のグループに行き渡るのに時間を要する」不具合と見ることもできるでしょう。

サウジアラビア戦とオーストラリア戦という2連戦は、最低限の結果を出しつつ、委任戦術の面では期待される柔軟性を見せられた試合・局面、見せられなかった試合・局面が比較的はっきりと見て取れるシリーズでもありました。「結果」が出たオーストラリア戦が顕著ですが、「柔軟性」を支えていたのが、伊東など一部のポジションの選手の距離・回数共に突出したスプリントである点は、カタールW杯でもストロングポイントとして活かされることになります。

成果を見たアウェイ二連戦

続くアウェイベトナム戦、アウェイオマーン戦は、準備したものを試合にどのように落とし込んでいくかをうまく進められた内容になりました。

どこの国でも、代表チームは1回の集合毎に概ね2~3日程度の日程しか得られません。森保監督は、そんな中でも試合前に必ず、このチームにおけるプレー原則の落とし込みや相手チームへの対策を含む非公開の戦術練習、ミーティングを行っています。親善試合などでは落とし込みは緩めで、選手が判断する余地が大きいように見えますが、五輪代表同様、本番ではもっと踏み込んで戦術を落とし込み、選手が判断する余地を狭めたうえで運用を任せているように思えます。相手の分析もしっかり詰め、選手に全てを考えさせるというより、相手の弱点を落とし込んで、そこから選択させる。計画、作戦と委任の按分を都度調整していく形で臨んでいる。その様相は、最終予選を戦う過程でも、十分に見てとれました。

オーストラリア戦で新しいシステムを試したばかり（「4-3-3」に変更）で、海外チーム所属の選手たちの合流日程など難しい要素は多かったものの、この二試合で日本代表は良い準備ができていました。ベトナムは2019年アジアカップでの対戦時とフォーメーションもゲームプランも同じでした。5バックで守って前線は残る形で、カウンターを返してくる。3センターのプレー精度や組織力は前回対戦時より向上していましたが、日本はアジアカップ対戦時よりも攻略のポイントが絞れており、1点しか奪えなかったものの、相手のやり方を踏まえた準備をしっかり表現し、ゲームを握りながら戦えていました。オマーン戦も同様で、相手の戦術的なクオリティに苦しみましたが、全体としてはチーム作りの方向性に則った、しっかりとした準備のうえで戦えていたと思います。

第5節ベトナム代表戦——分析・観察・対応力

ベトナムの5バックを構成するWBとCBとボランチに対して前線からどうプレスをかけるか、3センターに対してどう数的優位を作るか、相手の2トップが残るところに対してどう監視するか、ベトナムの好きなようにやらせないプランが準備され、日本が主導権を握れていました(図5－4)。VARでオフサイドになったシーンで2－0にできていたら、ベトナム代表は彼らの形を崩して攻めに出てきたでしょう。そこを突いて決定機をより生み出し、得点を重ねることができたかもしれません。

この試合唯一の得点は、相手が5バックではなく3バックで上がってきたところで蹴られたゴールキックのボールを日本が奪い、質的優位(アシストをした

W杯アジア最終予選
グループB　第5節
2021年11月11日
ミーディン国立競技場（ベトナム）
ベトナム－日本　0－1
伊東　17′

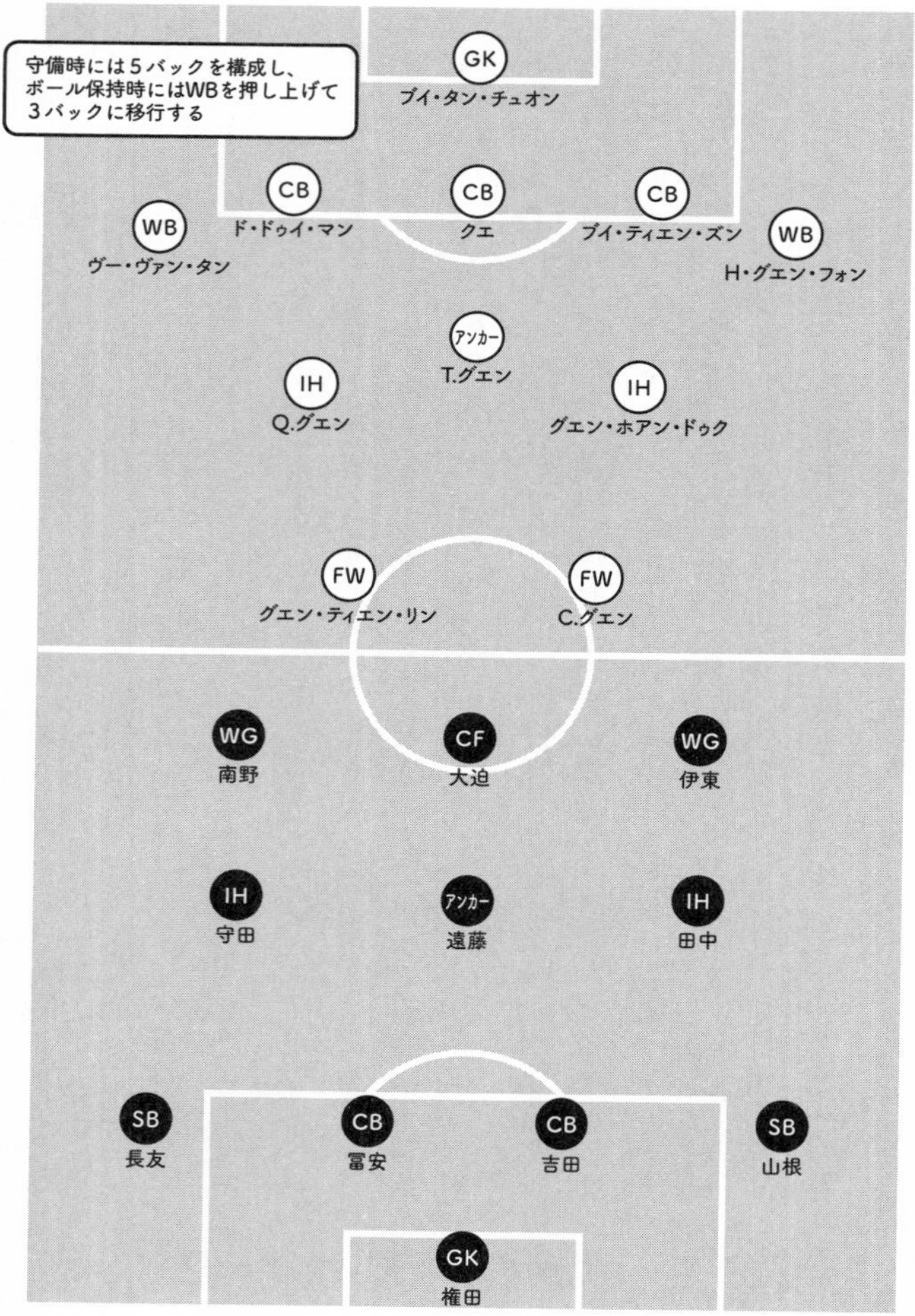

図5－4　ベトナム代表戦の初期フォーメーション

左の南野拓実と右の伊東）を活かして3バックの脇を簡単に抜いたショートカウンターでした。ベトナムのゴールキックを冨安が蹴り返し、中盤で競り勝った遠藤航が頭で逸らしたボールを大迫が収めます。ゴールキックに合わせて一時的に5バックから押し上げていたベトナムの3バックの左脇に南野が走り込んでライン裏に出ると、逆サイドにクロスを送り右脇から飛び込んできた伊東が押し込む形でした。ベトナムは日本のワイドの選手のスピードを警戒して3バックから5バックへの移行をセンシティブに行いながらスペースを消そうとしていましたが、ボール保持の局面ではWBを押し上げて3バック化するという約束事を杓子定規に実行していたため、彼らからすると「ボール保持」局面であるマイボールのゴールキックで無警戒にWBを上げてサイドを空けてしまっていました。逆に日本は、彼らのそういったナイーブさをしっかり見て、利用できた格好です。選手たちの自発的な判断力が見事に生きたシーンといえます。

日本はベトナムの弱点、自らの優位性を認識し、試合が始まってから試行錯誤をするのではなくしっかり準備をして、選手も試合中に明確な基準のなかで判断して対応力を見せながらゲームを支配し勝ちました。ベトナム代表とは明白な地力差があったにもかかわらず、カウンター状況でしか得点機を狙えなかった（狙わなかった）点は気になるところでした。

第6節オマーン代表戦──活かしきれない「戦術三笘」

ひるがえってオマーン戦は、敗北したホームでの第1戦と同様、厳しい戦いになりました。

「4－3－1－2」を基本布陣とするオマーン代表に対して、日本代表は「4－3－3」で真っ向勝負を挑みます（図5－5）。中盤が3＋1対3で数的優位を取られると事前に想定できたと思われますが、特段の工夫は見られず序盤から苦しい展開に。日本は早々に「4－2－3－1」へと並びを変えましたが、SHが絞るなどの変化を加えて中盤の数的不利に対応する様子もなく、劣勢は変わりません。さらにオマーンの2トップはベトナムの2トップと違い、中盤に下りてきたりプレスバックもするので、ますます中盤でのボール争奪戦で日本は不利な状況に陥ります。ベトナム戦のような安定性が失われてしまっていました。

日本代表の布陣に対するミスマッチを自分たちは使うが、日本にはミスマッ

W杯アジア最終予選
グループB　第6節
2021年11月16日
スルタン・カーブース・スポーツコンプレックス（オマーン）

オマーン－日本　0－1

伊東　80′

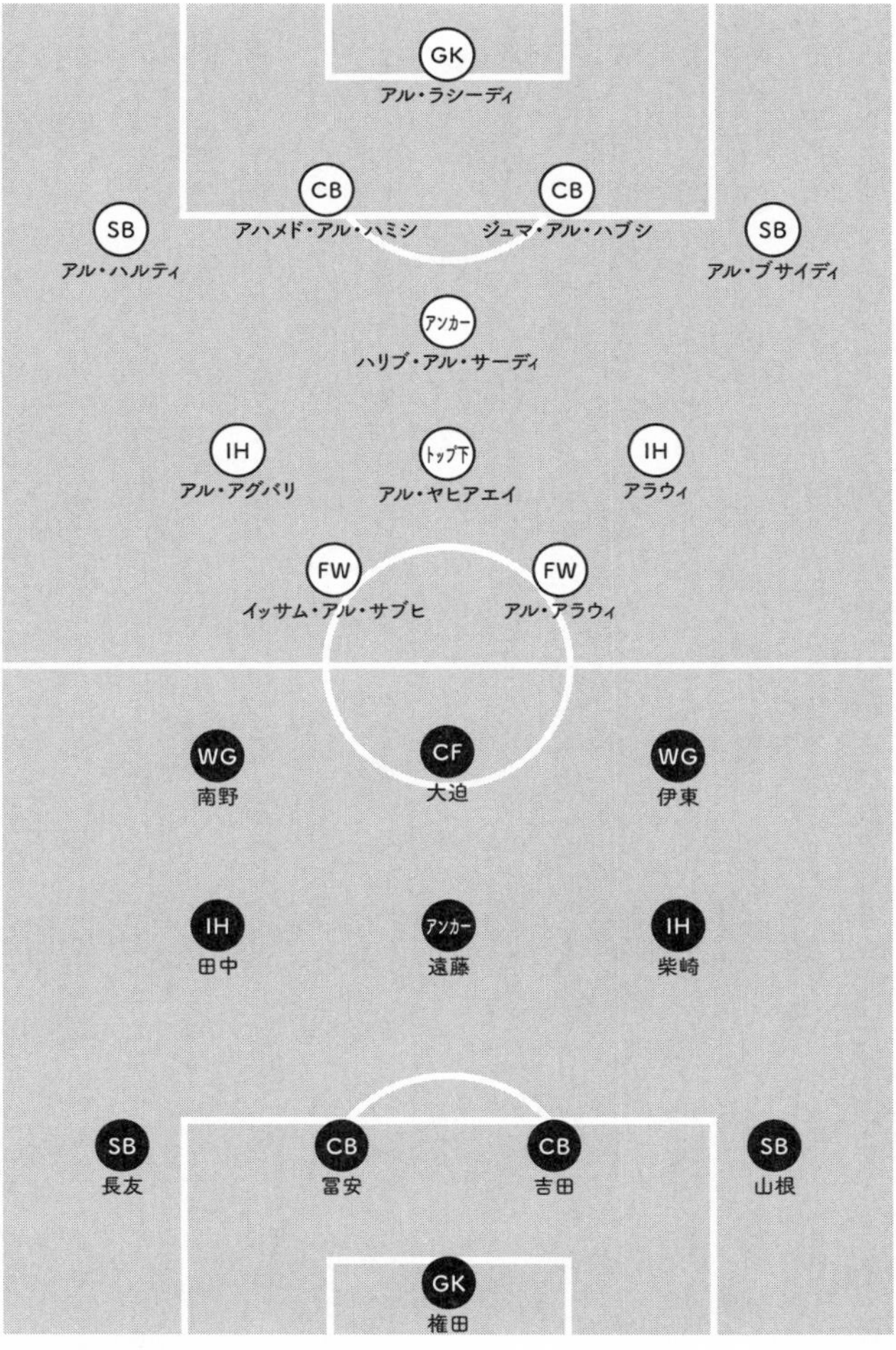

図5－5　オマーン代表戦の初期フォーメーション

チを使わせない――そんな風に徹底的に整えられたオマーンの守備組織は練度が高く、日本が何度仕掛けても、オマーンのDFラインと3センターの中央のスペースでマークをズラせませんでした。この試合を通してそこをズラせたのは、前半1回と、後半の得点場面の計2回だけです。

そういう展開だったこともあり、後半から三笘薫を投入したのは、1対1で勝負を仕掛け外側からオマーンの守備を剥がし、内側のズレを生じさせるという狙いがあったと思われます。対して、オマーンは三笘に対してスペースを与えず、インサイドハーフのザヒル・スライマン・アル・アグバリとSBのアムジャド・アル・ハルティで、常に2人がかり（ダブルチーム）の対応を徹底し、逆に三笘からボールを奪っていました。

三笘は、1対1で無類の強さを発揮する選手で、この試合も結果としては三笘の「突破」から伊東純也の得点が生まれたのですが、そのシーンも、中山雄太が相手のパスを奪った際に、交代で入りマークについていたジャミール・アル・ヤハマディが転倒したことで、強制的にオマーンの内側にズレが生じざるをえない、というイレギュラーな形でした。1対1を意図して、連続して作り出し三笘に提供するような、〝ひとつながり〟の動きやプレーは見られず、というよりそういった予め準備されたチーム戦術は存在しないようでした。

森保監督自身似た発言をしていますが、「三笘という戦術」を、チームとしてどう運用するか、ピッチ内の選手の自発性に委ねていたのだと思います。

三笘に1対1状況を提供するチーム戦術の不備

この試合の日本代表とオマーン代表のやり方を噛み合わせ、実際の状況に即して考えると、ボールサイドにいるインサイドハーフの選手を日本のSBやDHが釣り出すことで、相手SBが孤立する状況を作り出せることがわかります。つまり、長友佑都や中山が相手のインサイドハーフ（アル・アグバリ、アル・ヤハマディ）を釣り出す。そうすれば、カバーする選手がいない状況で三笘はSBアル・ハルティに対し1対1を仕掛けるチャンスを得られます。そこを突破できれば、CBアハメド・アル・ハミシか、アンカーのハリブ・アル・サーディが横に1つずつズレて三笘に対応することになるため、外か内が空くというわけです。

そこまで持っていくには、様々なチーム戦術があります。後方からのビルドアップを工夫してインサイドハーフを大きく動かし、三笘へのダブルチーム形成を遅らせる、という手もありますし、ハーフスペースにいるインサイドハーフの前に日本のSBが立ち位置をとって（偽SB）、DHやWGと連携して彼を動かすという手もあります。そういったプレーをチーム全体で行えていれば、三笘をもっと活かすことができたと思われます。

ただ、そういったやり方をオートマチックにできる、チームにそう要求する、事前に落とし込むようなチーム作り、編成を森保監督はそもそも行っていません。例えば後者のやり方（偽SB）は近年ポピュラーになってきてはいますが、そういったSBを三笘のサイドに配せるような選手選考をこの時点ではしていませんし、そのようなプレーをチームとしてよどみなく行うには、SBがハーフスペースに移動するだけでいいわけではなく、当然それで空くスペースをどうプロテクトするのか、そこをプロテクトするために空ける場所はどうするのか、など付随する問題にひとつひとつ整合的に対処可能な、統合的なチーム戦術、例えばポジショナルプレーのようなやり方に習熟する必要があります。森保監督はそういう方向ではチームを作っていません。サイドはしっかりサイドで埋める、という志向ですし、明確な基盤もなしに中央にSBをいたずらに動かしてサイドを薄くするのはアウトでしょう。オマーンのアタッカーをできるだけDFラインの視野内で監視しておきたい、裏をできるだけ取らせないという狙いもうかがえましたから、DFラインの一員であるSBをあちらこちらと動かしたくない戦況だったはずです。

「勝ち目を得る可能性の高い戦略」を枠組みとして設定してあるからこそ、その枠組みを崩すような「戦術」は導入しない。そうすると、このオマーン戦のように「三笘の1対1を多く生み出したいのに、それができない」という戦術面の弱さが露呈するのですが、そこは、その対応を行ったことでバランスを崩さないようにしておく、という対応も含め、選手たちの状況判断と対応力に委ねる。その方が、戦略的な確度を維持したまま戦況に柔軟に対応できるし、中長期的に柔軟な適応力をチームに身につけさせることができる——そういった森保監督の一貫した「カタールW杯ベスト8への戦略」が見え隠れする試合でもありましたが、この「三笘の1対1」問題はそのカタールW杯でも、同じような形で表れることになります。

アジア最終予選、森保戦略の現在地

オマーン、サウジアラビアに敗れ、難しいスタートとなった最終予選でしたが、森保監督の戦略、方針を維持しながら徐々に結果をたぐり寄せていくという進展になりました。その中で、問題点も徐々に明らかになりつつありました。相手を分析しながら準備して戦えた一方で、狙いがハマっている時に起きたカウンター状況を決められるかどうか、それにかかっている、基本的にカウンターで得点するチームだということ。さらに、その成否は「選手の対応力」にかかっている。それは基本的に、相手チームの構造、やり方を意図的に、主導的に動かし、壊していくようなチーム戦術は実践できていない、ということも意味しています。

ベトナムやオマーンに対してプレッシングのやり方は定まっていたとしても、どうすればよりハメやすいか、仕組みで誘導していくところがあまりない――マンツーマンでマッチアップ可能なプレッシングの立ち位置を整理して、それで相手をハメに行って、奪える局面がどこかで生じるのを待つというような感じです。相手のボールがサイドに行った際に相手の立ち位置がだいたいこういう形になるということは認識できていても、そこで自分たちがどういうアクションを起こせばボールを奪いやすい形に相手を追い込めるか、ボールホルダーを孤立させられるか、までは突き詰められていない。だからその局面が起きても、自分たちが意図して誘導したものではないために、素早い判断、ポジショニングの展開が十分に同期できていない場面がかなり見られました。攻撃、攻撃→守備、守備→攻撃、守備の4局面において、そのトランジションの循環までは詰められていない印象です。そこを選手たちのピッチ内での自発的な判断、対応力に委ねているともいえます。

確かに、ベトナム戦の得点シーンは、素晴らしいものでした。中盤で競り合ったら取れることも、3バックに対してスピードで抜けることもおそらく分析通りですし、それがピタリとハマって、全員で動けたゴールでした。ただし、あの状況を狙って作り出した——というプロセスではありませんでした。「よし、来たぞ」と動き始めた。5バックにセットさせず、日本のワイドアタッカーが活きる3バック状態をベトナムが続けざるを得ないようにするにはどうするか、ゴールキックでGKにどうやって蹴らせたら日本の有利なエリアで競り合いが生まれやすいか、そう〝仕向ける〟、プレーをチーム全体でしてはいない。森保監督が狙っているのは、ある状況を構造的に繰り返させるようにプレーすることではなく、その状況が発生しやすい戦略的な仕掛け、座組みを作り出して、繰り返しでなくても良い、一回でも良い。誘発させる。そして、そこを仕留めきる。そんな方向のようにも思えます。

最終予選時点でのこの焦点、方向性がカタール本戦にむけてどのように磨かれていくのでしょうか、あるいは変化していくのでしょうか。

新機軸［4－3－3］の導入成功がもたらす、本大会への展望

［4－3－3］を初めて導入したホームのオーストラリア代表戦以降、日本代表はそれまで用いていた［4－2－3－1］に代わり、このフォーメーションを基本に据えるようになりました。当初は3人のCH（DH、ボランチ）がいる［4－3－3］というニュアンスが強く、守備時（ボール非保持時）やトランジション発生時に相手中盤の選手に対するマークを明確にし、マッチアップ状況を作ることに活用されています。デュエルの強さ、高いインテンシティを継続することを選手たちに求め、競争力のベースとして積み上げてきた森保ジャパンの方針からも、守備時に1対1のマッチアップ状況を作ることは、優先的に要求されるものでしたし、初期状態で3人のMFが逆三角形を成すこの陣形は、同じく3人のMFが正三角形を成す――逆三角形とぴったりマッチアップする――［4－2－3－1］をメインに戦うチームが多い最終予選の最終盤でチームに安定感をもたらすには、ある意味おあつらえ向きでした。導入初戦のオーストラリア戦や、アウェイでのオマーン戦のように相手がマッチアップをズラして来た場合、その対策を踏まえて再マッチアップすることには苦労していましたが、うまくいかない場合でも、相手をハメ込みに行かず単に3枚のDHとして引いて守り、中央をプロテクトしてしまうという形に割り切ることがで

きるのも大きかったと思われます。攻撃、ボール保持の面では当初は特に2枚のインサイドハーフ＋アンカーというよりも3CH（3DH）としての振る舞いのウェイトが高かったため、3枚のMFと前線の3枚（CF、2人のWG）が有機的に絡めず、本来の「4－3－3」で期待されるものを出せないなか、伊東純也、南野拓実が走り回るという状況でした。そこが徐々に改善され、インサイドハーフの守田英正と田中碧が高い位置でのポジショニングを維持でき、彼らの能力を活かせるようになります。

2枚のDHで日本の2インサイドハーフ（守田、田中）を見る場合、まずはお互いが対面に立ち、守備側のDHは守田と田中を視野内に収めておこうとします。2人は対面のDHに対し、その視野に入るか入らないか、という位置に立とうと様々な駆け引きを行います。そして、そういうあえて曖昧にするポジショニングから相手の視野外に移動したり戻ったり、DHの裏に入ってCBの対面やCBとSB双方の前に立つといった立ち位置の変化を繰り返します。そのことで、相手の守備ブロックの中心をなす2DH＋2CBの注意を逸らし、CFや左右のWGへの監視を弱めさせ、以前よりも格段に彼らに自由を与えられるようになり（アタッカーが相手のマークから逃れやすくなる）、ボール保持時に相手DFラインに与える脅威度が上がりました。守田と田中は元々そういうプレーを身上としている選手ですが、彼らのその長所が周囲としっかり嚙み合うようになってきました。ドイツ代表もそういったグループワークを得意としていますが、最終予選の最終盤ではCFやインサイドに入ったWGがDFラインとの駆け引きからバイタルエリアに後退するのと入れ替わりに、ハーフスペースからCB~SB間の裏をインサイドハーフが狙うなどの形も確立しています。守田・田中・遠藤航の3人が適時ポジションチェンジを行い、相手に摑まらないよう工夫したり、前に出ながらも誰かが1枚必ず残ってカウンターに備える、その流れの中で前線の3人やサポートに上がってくるSBとの連動性が生まれるようになりました。

このことによって、森保ジャパンが従来採ってきたミドルブロックからのミドルプレス、ハイプレス、カウンタープレスといったインテンシティの高いプレッシングからのカウンター、カウンター状況の創出というゲームモデル・チームとしての戦略に加え、「選手の配置とボール保持によって相手を崩す」というボール保持の戦略が、カタールに向け新たに獲得されたことになります。チーム立ち上げ時の親善試合、パナマ代表戦とウルグアイ代表戦で見せた二つの戦略的相貌の両立、融合という「カタール本戦モード」が見えてきました。

「パナマ戦は配置で崩す、ボールを握って崩す配置戦略、ボール保持の戦略を目指す表情を見せました。ウルグアイ戦は打って変わってエリア戦略、メタ戦略を仕掛け敵を自分たちの勢い（混沌）の中に誘い込んで戦略的に主導権を握ってみせました（P99）」

【4-3-3】をめぐる不安要素・委任戦術の進捗・森保ラッシュの萌芽

ですが、問題がありました。田中と守田、遠藤の3人の組み合わせでなければ、このやり方はほとんど機能しないのです。ここにいたるまで、集合時に必ず行っている非公開の戦術練習で粛々と積み上げてきたであろうインテンシティ高いプレッシングサッカー――ウルグアイ代表戦やイラン代表戦、メキシコ代表戦、東京五輪など、要所で仕掛けられてきた戦略の基盤となるもの――と同じように、チームがいつでも採用可能な基本線に据えることができるのか、その時間は残されているのか。

さらに、最終予選突破後積み重ねられていく試合の中で、3CHが逆にマークされ、とりわけアンカーの遠藤に意図的にプレッシングを仕掛けられるケースが増え、そこからチームのバランスを崩されていくという傾向が見られるようになりました。ここでもやはり時間が問題になったと思われます。［4-2-3-1］のプレッシングサッカー自体、およそ4年を経てようやく所期の水準――ハイプレス、ミドルプレス、カウンタープレスを強みとできるレベルに到達しています。［4－3－3］のメリットだけではなく、デメリットも含めディティールを詰め、完成度を高めていくことができるのか。また、「委任戦術」のアウトプットが、思わしいレベルに到達しているのかどうか評価が難しい——最終予選のプレッシャーがかかった状況とはいえ、直面する事態に解答を出力する時間が短縮されていない点もまた気になるところでした。［4－2－3－1］のプレッシングサッカーでも難しい状況なところ、配置とボール保持という新しい戦略を持ち込んで、「委任戦術」を高めていけるのか。

また、純粋にドイツ対策、コスタリカ対策、スペイン対策として［4－3－3］の配置とボール保持戦略が効果的なのか、という問題も内部ではあったのではないかと思われます。本戦で対戦するこれら3チームの特徴に関しては次章で詳述しますが、ドイツの中央密集型・ギャッププレーンを攻めるポジショナルプレーに対しては噛み合わせが難しく多くのスペースを与える可能性が高く、コスタリカのディフェンスを崩せる水準に質を高める時間の猶予はなかったと思われます（そもそも、実際にそうだったようにこの試合ではメンバーを大きく変更して臨む必要がありました）。［4－3－3］を採用した場合、スペイン代表とは同じフォーメーション、狙いで激突することになりますが、この戦略・戦術で一日の長以上のものがある相手の土俵で戦う格好になるだけでなく、守備時に日本が求めるマッチアップを実施しづらく（逆三角形の3CH同士となり、嚙み合わなくなる）、磨いてきた強度、インテンシティ高いプレッシングが空転する可能性という大きな問題の解決が難しかったに違いありません。

以上のもののみならず、チーム内部でもさらに様々な理由があったと思われます。結果として、森保監督はパナマ戦で方向性が示唆され、最終段階で「4－3－3」導入により光明が見えた配置とボール保持戦略を諦め、ウルグアイ戦以降ウェイトを置いてきた、インテンシティとプレッシング基盤のカウンター・ショートカウンターサッカーを追求する従来の戦略をより守備的にアレンジする形で本戦に挑むことになります。そして、「デュエル、インテンシティで伍することにより手に入る、勝利のための戦略的な枠組み」と「選手の自主的判断で困難を乗り越える委任戦術」を両輪として組み合わせ、その「戦略的な両輪」の実効性をどれだけ高められるかが、事の成否の焦点となっていきます。

そんな中、最終予選終盤からカタール本戦直前の時期で強く印象に残ったのは、ホームでのサウジアラビア戦でした。この試合、森保監督はリードして迎えた後半開始時、まるで前半開始時のようなハードなプレッシングを仕掛けたのです。この時点で最終的な予選突破が双方確定していない中、リードされたサウジアラビアの攻撃をミドルブロックでしっかりと阻止し、ゲームを安定させて時間を使いながら効果的なカウンターを繰り出して追加点を狙う――そういった出方が定石です。ですが、サウジアラビアは彼らの方が前向きに出ないといけない戦局でいきなり鼻っ柱を折られた格好となり、失ったモメンタムを回復するのに10分以上を要します。戦略的にその時間を奪ったことが、日本の勝利につながったのが明らかなゲーム展開になりました。チーム立ち上げ後、何度か「ここぞ」という試合、戦局で繰り出されてきた「森保ラッシュ」とでもいうべき戦略的カードの事例でしたが、「ボール保持戦略は諦め、従来戦略を守備的にアレンジして戦う」と、ある種後退した形で本戦に向かう中、「森保ラッシュ」カードは、サッカーというゲームがもたらす「混沌」を「誘発」し活用する優位性を森保戦略に与える、大きな武器になっていくのです。

W杯アジア最終予選
グループB　第8節
2022年2月1日
埼玉スタジアム2002（埼玉）

日本－サウジアラビア　2-0

南野　32′　伊東　50′

第6章

2022 FIFAワールドカップ

カタール大会

〈ドイツ代表戦〉

W杯

グループE　第1節

2022年11月23日

ハリーファ国際スタジアム（カタール）

ドイツ―日本
1－2

ギュンドアン　33′

堂安　75′

浅野　83′

ドイツ代表、カタールまでの道程

「フットボールは単純なスポーツだ。22人の男が90分間ボールを追いかけ、最後はドイツが勝つ」

イングランド代表のレジェンド、ゲーリー・リネカーが1990年のFIFAワールドカップ・イタリア大会準決勝での対ドイツ（当時は西ドイツ）敗戦後にもらしたコメントです。実際、ドイツ代表は、1950年代から1990年代にかけて長期間、そんなコメントをライバルから戴くほどの強さを、世界に見せつけていました。

ワールドカップでは1954年の初優勝を皮切りに、1998年までの12大会中優勝実に3回。準優勝が3回、3位が1回、ベスト4が1回、ベスト8が3回。ワールドカップよりもレベルが高いといわれる欧州選手権（EURO）では、1972年から1996年までの7大会で3回優勝、準優勝が2回、ベスト4が1回。戦術的にも技術的にも目新しいもの、めざましいものを生み出さなくとも、1対1の強さ（デュエル、ドイツ語でツヴァイカンプフ）、走り負けない走力、フィジカルに起因する試合終了まで持続するインテンシティ、それらに裏打ちされた「ゲルマン魂」と異名を取る勝負強さで、欧州に、世界に君臨してきました。

ところが、1990年代終盤から現代サッカーに革新の萌芽がみられはじめると、ドイツの絶対的な強さに明らかな陰りが見え始めます。

2000年のEUROベルギー・オランダ大会、続く2004年ポルトガル大会ではいずれもグループステージ敗退。

2002年のワールドカップ日韓大会では準優勝と気を吐いたものの決勝トーナメントの組み合わせに恵まれた面も強く、90年代末から2000年代初期にかけ結果だけでなく現代サッカーの潮流に取り残され内容共に「ドイツの時代」の終焉は明らかでした。この状況を受け、ドイツサッカー連盟（DFB）は、ヨーロッパで一、二を争うフットボールネーションである同国の広大な裾野を占めるグラスルーツ（草の根、育成段階）からトップチーム（A代表チーム、プロサッカーリーグであるブンデスリーガ）を貫通する一大構造改革を決意。個人技術の面でも戦術・戦略面でも現代サッカー最前線にキャッチアップし、世界最強国に返り咲く計画をスタートさせます。

その結果、フィリップ・ラーム、トーマス・ミュラー、トニ・クロース、マリオ・ゲッツェ、マルコ・ロイスなど、ドイツ伝統の強みを受け継ぎつつ、不足していた個人技術、コーディネーション、プレーヴィジョンに優れた選手が輩出されるようになります。また、東西冷戦終結後のヨーロッパ社会の潮流を背景にした、移民出身選手の包摂も進み、メスト・エジル、イルカイ・ギュンドアンなど世界トップクラスの技術を備えた才能がドイツ代表に参加してくることで、選手としての個性だけでなく出自の面でも多様性のあるグループをまとめる模索を通じ、代表チームの文化、キャラクターを変え、過去とは異なる意味で「強い」集団に成長させていきます。

代表チームのヘッドクォーターも刷新され、2006年ワールドカップ・ドイツ大会の指揮官となったユルゲン・クリンスマンは副官ヨアヒム・レーヴと共に、旧弊に囚われない最新の知見を柔軟に持ち込み、合理的で現代的な戦術、指導を浸透させていきます。そのレーヴがクリンスマンの後を襲うと、モダナイズされたドイツ代表が本領を発揮。2008年のEUROで準優勝。2010年W杯南アフリカ大会では3位に入ると、2014年のワールドカップ・ブラジル大会で通算四回目の優勝を成し遂げます。準々決勝のフランス代表戦、7－1という衝撃の試合となった準決勝ブラジル代表戦に象徴されるように、内容的にも2000年代の改革が実を結んだ見事な優勝でした。

現代サッカーに革新をもたらしたスペイン代表及びジョゼップ・グアルディオラのFCバルセロナの活躍が始まったのが、2008年のことです。

ドイツの改革のスタートはそれに先立ちつつ、技術と攻撃、新たな戦術の優位を確立する方向性を同じくしていました。そして、グアルディオラとスペインサッカーのポジショナルプレーを自分たちのコンセプトに巧みに導入しつつ、世界中が手本とする国を挙げての改革を成功させたのです。ブラジル大会の主要メンバーを中核に維持したまま連覇を狙った2018年W杯・ロシア大会は、初戦のメキシコ戦でファン・カルロス・オソリオ監督の戦術に見事にハメ込まれた敗北から立て直しきれず、グループステージ敗退。世代交代を経、ポジショナルプレー導入後の世代中心に編成され2022年の代表チームは、前回の轍は踏まぬと並々ならぬ熱意でチームを固め、カタールに乗り込んできていました。

ドイツ代表分析——ハンジ・フリックのドイツ代表

カタールW杯に向かうヨーロッパ予選、その立ち上がりドイツ代表は苦心していました。

長年の改革が実を結び、レーヴ監督（当時）のもとにはデジタル・ネイティブならぬ「ポジショナルプレー・ネイティブ」とでも称すべき才能、個性がポジションの前後ろ問わず潤沢に揃っていました。彼らは、ポジショナルプレーを淀みなく実践するために求められるコーディネーション（ボールとプレーに対して必要な身体操作を認知、判断含め自由自在に行える能力）をごくベーシックなものとして身につけ、それこそ「呼吸をする」ように実践できるその上にスピード、強さ、ゲームメイクなどの異なる特徴を個々に備える選手たちです。ところが2014年から時間は流れ、ポジショナルプレーは既にコモディティ化していました。グアルディオラらが生み出した「現代的ポジショナルプレー」の方法論的特徴は、それが構造化・体系化されており言語化・メソッド化ができることにありました。高度に情報化された世界でその知見は瞬く間に世界に拡がり、ヨーロッパのトップシーンのみならず様々なレベルのリーグ、地域、国で履修・実践可能なものになります。それゆえ、もはや「ポジショナルプレーを実践する」ことそのものは何の競争力ももたらさないばかりか、対抗策も同様にコモディティ化しているため「ベーシックなポジショナルプレー」のクオリティを追求するだけでは何の競争力もチームにもたらさない、というのが2020年から21年にかけての現実でした。現代的ポジショナルプレーの始祖ともいえるグアルディオラはこの状況を見越し、率いるマンチェスター・シティ（イングランドプレミアリーグ）では、ポストポジショナルプレーともいうべき新しいサッカーの探求をそれ以前から始めています。そこではもはやフォーメーションは可変ですらなく――複数の配置陣形を戦局に応じ変えるというレベルですらありません。見た目上は特定のフォーメーション（例えば［4－3－3］など）を採っているだけなのに、状況に応じてポジション（誰がどこのポジションに移動しているか）、役割が流動的に変化していくことによって内部的な意味合いと効果をより柔軟に戦況に適応させることができる――あるいは、逆に見た目はもうどのフォーメーションなのか全く認識できないくらい全員が動き回っていても、内部構造は堅牢なまま変化せず、ポジショナルプレーの復原性の高さというメリットは維持しつつより複雑で多様な状況に対応できるように進化していっています。ベーシックなポジショナルプレーを「静的ポジショナルプレー」とするならば、よりアグレッシヴでカオティックな動きを伴う「動的ポジショナルプレー」とでもいうべき流れが、今またグアルディオラとそのフォロワーたちの探求先導によってうまれはじめているのです。

そんな中、レーヴのチームは、カタールW杯ヨーロッパ予選では、配置を大きく動かさず、そのことでポジショナルプレーの安定性、堅牢さの強みを「選手の質」で相手との違いをうみ出すといった志向のサッカーを展開しており、実践も対策もコモディティ化したポジショナルプレー・ネイティブの世界では格好の標的に――といった状況に陥り、それが、15年にわたったドイツ代表のレーヴ体制が幕を下ろす主要因になったといえます。

レーヴを引き継いだのは、ハンジ・フリック。レーヴのもとで代表コーチの経験をもち、ドイツ国内リーグの最高峰・ブンデスリーガのバイエルン・ミュンヘンを率いて、リーガ・国内カップ戦・欧州チャンピオンズリーグの三冠を獲得した名将です。

フリックのサッカーは、静的なポジショナルプレーの弱点をグアルディオラとはまた違った形で埋め合わせる工夫のあるものでした。

ハーフスペースと中央のエリアに選手を集結させ、ワイドのレーンを空けておく。一番危険な中央で数的不利になるのを怖れ、フリックチームの配置に呼応するように中央に人を集める相手チームに対し、このエリアで強烈な縦方向のプレッシングを仕掛ける。ボールを奪ったらそのまま相手ゴール前に殺到。そのプロセス内でもポジショナルプレーの内的構造は活かされており、「攻撃しながらボール喪失時のための準備もしておく」後方支援のグループと連動しながらスピーディに攻撃をする。そこでボールを失っても周囲に人数を配置できているので、すかさずカウンタープレスをかけて奪い返して、攻撃する。このサイクルを相手が嫌って中央の密度をより高めてブロックしてきたら、空けてあるワイドのレーンにスピードあるWGを走らせ、サイドから攻める。

激しい縦方向のプレッシングと同じく縦方向のアタック、ボール喪失時のカウンタープレスの循環を90分繰り返し、相手をすり潰すように戦うというものでした。敵陣に侵入するまでは静的なポジショナルプレーの5レーン分割に従って全体がポジショニングし激しい攻守の動きを繰り返すのですが、興味深いのは、アタッキングサード（バイタルエリア）からは、チームとしての空間認知の手法が変わることです。

フリックの目論見――動的な「ギャップレーン」戦術

ピッチという絶対的な空間を基準に、そこを縦方向に5つのレーンで区切って人を配置する「5レーン理論」は、グアルディオラがバイエルン・ミュンヘンを率いていた時に打ち出し、広く知られるようになった概念です。ポジショナルプレーの理論と実践に幼少期から親しんできたカンテラ（下部組織）上がりの選手たちを中心にチームを構成できたバルセロナ時代とは異なる文化、様々な出自のバイエルン・ミュンヘンの選手たちにこのプレーを根付かせるため導入されたものと思われます。攻撃時、「そこを占めればなんでもできる＝相手にとって危険な位置で様々な選択肢を迫ることができる」場所として知られるペナルティボックス角周辺エリアを含む2つのレーン（ハーフスペース）と中央、両ワイドの2レーンで構成される「5レーン」を仮想するこの理論に習熟すれば、選手たちは「同じレーン、隣接するレーンでは同じ高さにポジショニングしてはならない」という極めてシンプルなルールを基準に行動するだけで、パスを回しやすいグルーピングであるトライアングルを自然に形成できるばかりか、ポジショナルプレーの肝である「ピッチ全体をカバーするような分散配置」をも自動的に形成することができます。しかも、「相手にとって困難を引き起こす」ハーフスペースに常に誰かがポジショニングできる形で。シンプルなインプットで複雑なアウトプットを得られる、そのようにチームをトレーニング可能なこの理論と周辺メソッドは、ポジショナルプレーの世界的な普及に大きな貢献をしたといえますが、それゆえの問題をポジショナルプレーを採用するチームに引き起こすことにもなります。

5レーン理論が選手のポジショナルプレー理解を助けるのは、5つの仮想のレーンが、ピッチという、それ自体が動くことがないからこそ誰でも容易に認知できる絶対的な基準から導き出されるものであるからです。ですが、それは相手チームも同じ。ピッチから必然的に逆算され、動くことのない5つのレーンで相手がポジショニングし攻めてくる、その構造を理解できさえすれば、その攻撃を予測し的確に迎撃することも可能。実際、「5レーン全てに人を予め配置しておける守備陣形」を採用し、ポジショナルプレーチームを封殺するのは2020年代のトップレベルのサッカーシーンではいわば風物詩のようなものとなり、レーヴのドイツ代表もそのトレンドを乗り越えることができずヨーロッパ予選半ばでその時代を終えたといえます。

先述したようにグアルディオラは「5レーンポジショニング」を遵守し、味方にも敵にもわかりやすくプレーするしかない静的なポジショナルプレー」を動的なものに拡張して、「5レーン対策」を乗り越えていますが、フリックのチームは、「レーン概念自体を動的なものに変えてしまう」というアイディアで限界を突破しています。敵陣深くボールを送り込むビルドアップのフェーズでは静的な5レーンでプレーしますが、敵陣に入り込み、相手のDFラインを攻略する段階に入ると「相手のDFラインを構成する人数によって必然的に決まる〈ギャップ〉」を「レーン」と見立てる基準、チームの共通認識として「レーン理論に沿ったプレー」を続行します。つまり、相手DFラインが4バック＝4枚のDFで構成されているならそこには3つのギャップ＋2つの外側のスペースがあることになります。相手が5バックなら4つのギャップ、2つの外側。彼らは相手の動向によって決まる

＝静的にではなく、動的に決定されるDFラインのギャップをレーンとして――相手の振る舞いによって変化するレーンとして認知し、その動的なレーン上でポジショナルプレーの原理に乗っ取ったプレーを展開します。アタッカー（アタッカー役）の選手たちは、相手DFラインのギャップが「3」ならば3人がそのギャップ（CBとCBの間など）にポジショニングしたり、侵入可能な位置にポジショニングします。後方に位置する選手は彼らとレーンが被らないようにポジショニングし、パスの出し手にもなれるしボール喪失時のカバーリング（カウンタープレス）もできる位置を占めます。そこからギャップに対してスルーパスを出したり、アタッカーと入れ替わるようにギャップに侵入したり、様々なプレーを行います。「DFラインに対して」というところが重要で、つまりここでスルーパスや裏抜けを成功されると相手にとっては守備者はもうGKしかいません。「アタッカーは相手DFラインのギャップに入るように」というのは基本中の基本なのですが、フリックの場合はそれを努力目標ではなく、彼のポジショナルプレーの中で必然的に発生する状況として構造化しているといえます。

この攻撃に対する相手チームは、もはや「5レーンで攻めてくるなら5枚で迎撃」というソリューションに安住できなくなります。4枚から5枚に増量迎撃したところで、ドイツ代表にとっては「3つしかなかったギャップが4つに増えた」というだけで、やることは変わりません。自分たちの動きに合わせてドイツ代表の選手たちもレーン認識を動的に変えてプレーしてくるので、相手からすれば「自分たちがポジショナルプレーチームの動きを読んで迎撃している」のではなく、「ポジショナルプレーチームが自分たちの動きででききるギャップを場当たり的にではなく、構造的に狙ってくる」という格好になってしまいます。

ここで、フリックがそもそも中央に人数を集めているという前提条件がさらに活きてきます。ギャップに入り込まれる状況を避けるにはDFラインを内側に収縮させてギャップそのものを狭くする必要があります。ドイツ代表はその時点で存在する（と仮想可能な）全てのギャップレーンに入ってくるので、その人数に合わせて収縮しなければなりません。すると、その外側が完全に空いてしまい、そこにザネやニャブリなど、スピードとテクニックとシュート力を兼ね備えたWGや、ラウムなどの同じような能力を持つSBがフリーで入り込んできます。そして、ドイツのアタッカーが中央に何人も集まっているという状態で、クロスを上げてくるのです。

それを嫌って人数を割いてワイドに送り込めば、折角締めたはずの中央のギャップをドイツのアタッカーたちに明け渡してしまうことになります。何もしなければ、無人のワイドからペナルティエリアに切れ込んできてシュートを打たれてしまいます。

フリックのドイツ代表は、このようなやり方で彼らなりの「動的ポジショナルプレー」を実現し、ポジショナルプレーの復原的な循環構造を維持したまま、レーヴ時代の問題、静的ポジショナルプレーの問題を乗り越えていました。

カタール本戦での「戦略」と「委任戦術」の現在地

森保監督の就任後、その日本代表を評して「選手に丸投げしているのではないか」「森保には戦術がないのではないか」という声は少なからず聞かれました。ピッチから観察される現象としても、また選手の証言からも、そういった反応が出るのも無理からぬところではありましたが、「(客観的に定義された)最低限求められる競争力」を厳格に要求しつつ「勝利の可能性が高い大枠」を固める、その中で「緻密な戦術による変化の指示」よりも、選手の自発性を活かすことを促し、大枠の秩序は保ちながら変化に対応できるようにしていく。それがサンフレッチェ広島時代から一貫している森保一の戦略です。

カタールW杯本戦で明々白々となりましたが、分析に関しても広島時代から彼はそうとうに固めるタイプです。広島時代のデータ分析を担当されていた方にお話を伺ったことがありますが、分析班のプレゼンテーションに対し彼の要求は極めて厳しく、「相手のやり方」が本当にプレゼンテーション通りなのか、報告を鵜呑みにせずしっかりと追い込んでいくスタイルでした。そのうえで、どのように選手たちに情報を落とし込んでいくか試合毎、対戦相手毎に考え、選手たちが「解答」を抱いてプレーするのではなく分析に基づくサジェスチョンに依拠しながら、実際のピッチ上で直面する事象、変化を自分たちで解釈、認知してソリューションを見出していくよう促す。そうやって推奨される「選手の自発的な判断」が身勝手なものにも過度に無秩序なものにもならないのは、これができなければ試合に出られないという「最低限求められる競争力」と「勝利の可能性が高い大枠」が既に固められているためでした。そして、その枠組みの中で積み重ねられていく「選手たちの自発的な判断」はトライアンドエラーの記憶としてチームに蓄積していき、明確な勝利の方程式という変わらないものを持ちながらも、様々な変化にも強い柔軟性を兼ね備えた組織が中長期的にできあがっていくというわけです。

ただし、これはクラブチームの強化に向いたやり方であるとはいえます。クラブチームでは最低でも週1回、週2回の試合を戦うため、トライアンドエラーの場数自体が多く、また毎日同じチームでトレーニングを積みフィードバックを受けられます。「自発的な判断」のエラーは即時修正でき、修正の記憶も日々のトレーニングで共有され活用されていきます。年間活動期間が限られている代表チームではいずれも難しいことです。

むしろ、だからこそ、でしょうか。既に述べたように、森保監督は代表招集期間には必ず大枠を落とし込む練習、戦術練習を行っています。しかも非公開で、徹底的に。代表の活動日程がどんなにタイトでも、日程的に難しいためこれは諦める、あれは諦めるというものがあっても、この練習だけはたとえ一日だけであっても絶対に行う。その活動日程で対戦する相手を想定した練習以外にもおそらく、広島監督時と同様、このチームではこういう形でやるという大枠とカルチャーを落とし込むために継続的な内容のものを行っていたのではないでしょうか。

選手間のコミュニケーションやトライアンドエラーの積み重ねを含め、そこの習熟、カルチャー化（森保ジャパンの選手であればどんなポジションのどんな選手にも共通して落とし込まれるレベル）にはクラブチーム並の時間がかかる。代表のスケジュールではなかなか難しい。しかし、だからこそ絶対に代表のスケジュール内にそういった「戦略的要件」を整備するためのトレーニング日程を確保する。遅々たる歩みでも、毎回着実に積み上げていく。

そのロングスパンでのトレーニング計画自体が、森保監督が設定した「戦略」だったと思われます。実際に、森保ジャパン発足当初には広島時代の実績から「森保には指導できない」とされていたモダンサッカーに欠かせないベーシックな戦術アクション——カウンタープレス、ハイプレスなどが少しずつ実践可能になっていき、カタール本戦では「武器」となるまでに磨かれています。その中で一番最初に実用水準に実装されたのが「4－4－2」ゾーンでのミドルブロック形成とそこからのミドルプレスでした。

ミドルブロックとミドルプレスが優先的に磨かれたのは、強豪と戦う上で「ラインを上げて真っ向から戦う」意識をチームに植え付けるだけでなく、強豪を倒すために最終的に実用水準に仕上げていくべきハイプレス、カウンタープレスの土台として必要だからでしょう。そしてカタールW杯でドイツ、スペインに対する勝利の要因となったのはミドルブロックからのプレッシング、ハイプレス、カウンタープレスの差し合いで互角に戦える地力でした。森保監督の目線が極めて戦略的であることの証左といえます。

個々の試合レベルでは微々たる進歩、遅々たる歩みであったとしても最終的に本戦で使えるレベルになればよいと戦略的に位置づけられた基本戦術、森保ジャパンにおいて「最低限求められる競争力」の実装をそのように推し進めつつ、それらによって形作られる枠組みを「勝利の可能性を高める大枠（チーム戦略）」と位置づける。そして、その大枠の建設進捗を見据えつつ、ひとつひとつの代表招集期間、試合で選手たちに試合内での自発的な判断、ソリューションの模索、それらをチームとしてリンクさせるための積極的なコミュニケーションを促し、試合中の変化に強いカルチャー、グループを作り上げていく。広島時代と同様、それらを両輪として最終的にワールドカップベスト8進出という目標に届くチーム力を手に入れる。それが、森保監督のチームビルディングにおける戦略だったのではないかと思われます。最終的にその両輪の片方（大枠）はドイツ、スペインと伍するレベルに成ったが、もう一方の「試合内での選手たちの判断、ソリューション創出」については生育は不十分に終わり、そこの不足を試合毎の作戦、用兵計画の妙といった戦略レベルの所作によって補った――本書の最終的な見立てを先取って記すとそういうことになりますが、そういった強みだけでなく弱みも、グループステージ初戦となったドイツ代表戦でもかなり明瞭に現れていました。

ハンジ・フリックは、日本代表のそういった特徴をはっきりと捉え、日本対策を組み立てていました。とくに「選手たちに自由裁量を大幅に許す「委任戦術」を採用していること」、それが十分なレベルに達していないため、相手が予想外の変化をしてきた時、それをチームとして認知しソリューションを創出するのに多大な時間を要する、という弱点を突いてきたのです。

前半――ハンジ・フリックの罠

ドイツと日本の間には、明白な地力差があります。ドイツには「小細工」など必要ないはずです。ですが、彼らは前回ロシア大会初戦で、「地力差のある」メキシコに戦術的な先手を取られ敗北、グループステージ敗退してしまったという苦すぎる経験があります。一発勝負では、地力差は容易に相殺されうる――おそらくそのためでしょう、日本代表を徹底的に分析し、その最大の弱みを試合開始から利用するようなプランを用意してきました。

レギュラーCBのズーレをSBに配置した4バックで仕掛ける、というものです(図6-1)。ヨーロッパ予選とヨーロッパネーションズリーグ、フリックのドイツは様々な選手起用、配置を行っていますがズーレSB起用は未知のパターンでした。日本代表も、事前に配布されるメンバー表を見た段階でドイツは3バックで入ってくると判断したはずです。ズーレが3CBの右で起用された例はあるからです。

日本は対3バックオプションを念頭に置いて試合に臨んだものと思われますが、実際に

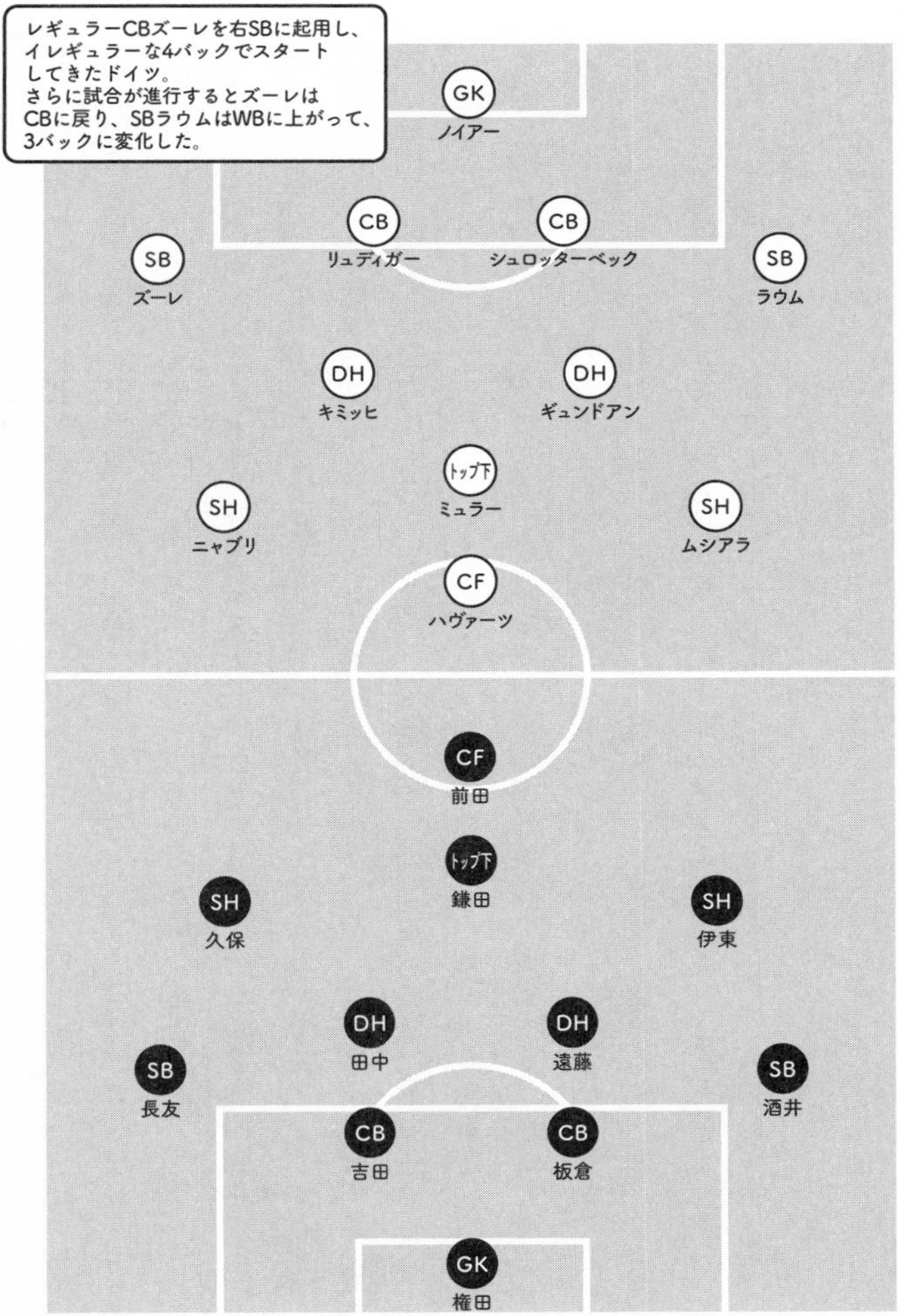

レギュラーCBズーレを右SBに起用し、
イレギュラーな4バックでスタート
してきたドイツ。
さらに試合が進行するとズーレは
CBに戻り、SBラウムはWBに上がって、
3バックに変化した。
GK
ノイアー
CB
リュディガー
CB
シュロッターベック
SB
ズーレ
SB
ラウム
DH
キミッヒ
DH
ギュンドアン
トップ下
ミュラー
SH
ニャブリ
SH
ムシアラ
CF
ハヴァーツ
CF
前田
トップ下
鎌田
SH
久保
SH
伊東
DH
田中
DH
遠藤
SB
長友
SB
酒井
CB
吉田
CB
板倉
GK
権田

図6－1　ドイツ代表戦の初期フォーメーション

はドイツはズーレ右SB起用の［4―2―3―1］でした。

日本の前線2枚、前田大然と鎌田大地にはドイツの3バックに対して、あるいは通常の人選の4バックに対するプレッシングのプランがあったと思われます。

ですが、試合が始まると4バックでズーレがSBの位置にいる。2人は明らかに出方を迷ってしまい、思い切ったプレッシングにいけなくなってしまいました。目の前の状況をどう解釈し、判断するか。プレッシングを修正するのか、それとも様子見をするのか。前田と鎌田の間で明確なコミュニケーションが成立せず（難易度の非常に高い状況です）、2人の動きは、ドイツのリアクションを探るだけでなくお互いの認識を揃えるためにお互いの意図を探る必要も生じ、試合開始後かなりの時間、効果的に連動することができませんでした。ドイツ代表のDFラインはビルドアップのフェーズでかなりの猶予を得ることに成功。そのために、日本の［4―4―2］のうちMFラインも守備のアクションを決定することができず様子見するしかない状況に、そして日本の前線2枚とその後方MFラインの間も連動しないという事態に陥り、その間にできたスペースにドイツ中盤のキーマンであるギュンドアンとキミッヒは労せず侵入。プレッシングから自由になったDFラインと連携して、自在にビルドアップを行ってきました。

「「委任戦術」の水準が高いレベルに到達できていないため、予想外の事態へのリアクションに遅れが生じる」という日本の弱みのど真ん中を突くような策で、ドイツは試合開始と同時に主導権をガッチリと握ります。

さらに彼らは、日本が「ズーレSBの「4-2-3-1」」へのチームとしての対応に見通しをたてたと思われる時間帯に、ズーレ・リュディガー・シュロータ―ベックの3バックによるビルドアップに変更してきました。これによって、日本のSH（伊東純也と久保建英）とSB（酒井宏樹、長友佑都）の仕事が変化を強要されます。ドイツを4バックとみていた段階ではSB（ズーレ、ラウム）、SH（ムシアラ、ニャブリ）をマークすべきだったところ、ズーレはCBに戻り久保の目の前から消え、ラウムとニャブリはWBとして高い位置に上がって伊東純也と久保の背後にそれぞれ侵入、ラウムと同サイドのムシアラはハーフスペースに入り込んで酒井と遠藤航の間に位置して「どちらがムシアラをマークするのか？」と問いかけます。そのことで遠藤航が厳しく監視すべき対面のギュンドアンが自由を得てしまう。それを嫌ってギュンドアンを追えば、酒井がラウムとムシアラ双方を見ねばならなくなる。そして、ここが一番重要ですが、その状況にボールを供給する最終ラインのズーレとシュロータ―ベックを見る選手がいなくなってしまうため、ドイツはこのシチュエーションで日本がどう動くかを観察しながら、空く選手にボールを届ければよいということになってしまいました。

この状況自体は「ドイツの3バック対策」として日本は想定していたもののはずですが、想定外の人選による4バックで判断を揺らがされ主導権を握られた上での変化なため、今度は「4バックから3バックに変化した」ということを認知し対応を切り替えるのに時間を要してしまいます。ドイツはこの後も複数のビルドアップフォームを変更し主導権を手放さず、日本の「選手たちが考える」弱点を有利に活用し続けます。日本は守備をするにもドイツの動きに対して的を絞りきることが前半を通じてできませんでした。

この前半は、日本がほとんどドイツのプレーを阻止できず、文字通りの「やりたい放題」を許したというふうに見えたのはこういった次第でした。日本としてはこのような危難を選手たち主導で的確に乗り越えるためにこそ、「委任戦術」方針を貫いてきたはずですが、その域には全く達していないのだということが晒された前半でもありました。

ひるがえってドイツ代表の方は、対応を整理し始めた日本代表が「4－4－1－1」のような形で守備ブロックを敷くこと、トップ下の鎌田がボールサイドのハーフスペースの入り口を閉めるためにポジション移動を行うタスクを担っていることを早々に見て取ります。そして、上記のように日本の動きに対し先手先手でビルドアップフォームを変更していきながら、自分たちのボールの動かし方で鎌田を動かしたのち、鎌田のいない逆サイドにサイドチェンジする、そうすると日本のやり方ではハーフスペースの入り口を閉じる選手がいなくなるので、よりイージーに前進できるようになる――そういったチームとしての対応を即座に繰り出し、日本を振り回し続けるのでした。

ドイツ代表は、この前半のうちに2点、3点と奪って勝負を決めなければなりませんでした。日本にとってはこれほどの彼我の差が現れた前半を1失点で凌いだこと、ドイツからするとこれほど作戦的にも戦術的にも上回りチャンスも量産しながらPKによる1点しか得られなかったこと――それが、森保監督が準備してきた「戦略面での優位性」が鎌首をもたげることを許すことになり、最終的な明暗を分けることにつながっていくのです。

後半――マッチアップ・ミスマッチ戦略

後半、森保監督は久保に代えて冨安健洋を投入。［4－2－3－1］（非保持時［4－4－1－1］）から［3－4－2－1］（非保持時［5－4－1］）に布陣を変更します。この時点のこの変更自体は、「奇跡の勝利」を直接導くほど効果的ではありませんでしたが、ドイツの動きによって個々のマークの的すら絞れない状況に陥っていた前半に対し、ドイツが取り得る配置の変更に1対1でマークをはっきりさせられる変更をしたことで、最悪の事態を脱する基盤を作ることができました。

日本が後手を踏んだ構造的な要因は、煎じ詰めれば「相手の3枚の前線に対しDFラインが数的劣位に置かれてしまう（4バック=2CBなため）」「相手のDFラインの枚数に対し前線が数的劣位に陥りプレッシャーがかけられない」その状況を利用されて、どんどんマークをズラされていく、というものでした。ここを「3枚のドイツアタッカーに対し3CBを当てる」「ドイツDFラインが3枚の場合は1CF+2シャドーの3枚で当たる」とハッキリさせ、そのことによって中盤の枚数でもドイツに対し同数で当たれるようにし、マッチアップのズレが生じづらい形、フルマッチアップ、ミラーゲームに近い状態に持ち込んだのです。ほぼマンマークで相手を捕まえられる格好に組み替えたことで、前半はほとんど意味を失っていた「戦略的に磨いてきたデュエル、インテンシティ、プレッシング」が息を吹き返し始めました。

それでも事態は（「後半開始の神采配が奇跡の勝利を導いた」という華々しい印象とは異なり）、なかなか好転しませんでした。マンマーク気味にマッチアップできているということは、マークを一つ外されるとそれだけでマッチアップズレに等しい状況が発生し、そのことで空いてしまうスペースを無防備に使われることにつながります。そしてその条件をより活用したのは、セットアップした日本ではなく、個人でマークを剥がす能力で上回るドイツの方で、プレッシング、カウンタープレス、インテンシティも特に落ちておらず、主導権は変わらず彼らが握っているといえる戦況でした。主導権のありかが前半と異なるものになっていた――日本にも芽が出てきたようにみえたのは、マッチアップからのマッチアップズレをお互いが狙うという戦況に移行していたため、互いの前線とDFラインが数的同数になりやすく、前と後ろで押したり引いたりの駆け引きが頻発する時間帯が増え、そのため前線とDFラインの間が大きく空くようになる――いわゆるオープンな戦局になっていたからです。よって中盤にスペースが多く生まれており、ドイツ側が彼らのカウンタープレス戦術内で想定しているような奪い方、プレッシングをかけられる局面自体が減り、「日本が圧殺されている」というシーンが物理的に減っていたためです。

ただその戦況自体にはドイツの方が効果的に対応でき、ミスマッチ戦況の天秤を自分たちの側に傾けられていることを証明するかのように、ドイツにとって最大の決定機は、日本を完全に封殺していた前半にではなく後半に、しかも複数生まれています。そのいずれもが、フルマッチアップ状態からマークを剝がされ、ズレを作られて追い込まれたピンチからギャップレーン戦術の派生形で崩されたものです。既述の通り、ドイツのギャップレーン戦術では相手が4バックか5バックかはさほどの阻害要因になりません。ギャップレーンに対しサイドから侵入したり、縦方向のポジションチェンジを交えて逆にマッチアップを明確化した日本の3CBとDHを巧みに釣り出すことによって、ドイツはムシアラの決定機、ギュンドアンのミドルシュート、ニャブリの複数の決定機を生み出しています。日本にとっては失点の危機という意味では前半より状況は悪化していました。ドイツ側が外してくれたり、権田修一が見事なセービングをみせ防いでくれたため、事なきを得ましたがこのうち一つでも決められていたら試合はその時点で終わっていた可能性が高いと思われます。

一方、別の観点からは、この戦局は日本にとって決して悪いものではありませんでした。ミスマッチ戦局を甘受し、その状況が相手にも自分たちにもチャンスをもたらしてくれる、それを相手より先に摑む——というのは、森保ジャパンがゲーム戦略として、一貫して意識的に選択してきた試合のモデルです。

確かに自らが演出したミスマッチ戦局の利用でもドイツの方が優れており、日本はある意味「絶対の得意分野」でも凌駕されているという状況ではありました。それでも、日本側からすると前半のような状況では「ゼロ」だった可能性が、「1」「2」となるだけでも

後半開始 （45分）	久保OUT・冨安INで3バック化。 ボール保持時配置［3-4-2-1］（［3-4-1-2］）、 ボール非保持時配置［5-4-1］に変化した日本。 ドイツの保持時配置［3-4-2-1］（［3-4-3］）にフルでマッチアップさせ、 各ポジション1対1で噛み合わせる。 どちらが1対1の局面で上回ることができるか、 ミスマッチを作り活用できるかという争いに持ち込む狙い。 しかしドイツは日本のシステム変更にすぐ対応。4バックへのチェンジを交え、 3CB（3枚）でのビルドアップに2CB+2DH（4枚）のビルドアップも加える。
51分	・ムシアラの決定機
54分	・クリーンなビルドアップを許し、ハヴァーツに裏抜けされる（オフサイド）
57分	日本選手交代： 長友→三笘 前田→浅野
59分〜60分	ギュンドアンの決定機、ニャブリの決定機が連続する。
67分	ドイツ選手交代： ミュラー→ホフマン ギュンドアン→ゴレツカ
69分〜70分	ドイツのビルドアップを規制できず、ドイツ4連続決定機。 ホフマン、ニャブリ、ニャブリ、ニャブリ。権田のビッグセーブで防ぐ。
71分	日本選手交代： 田中→堂安 鎌田がDHに下がり、伊東・堂安2シャドーの［3-4-2-1］に変更。
74分	日本選手交代： 酒井（※アクシデント）→南野 伊東がWBに下がり、鎌田（アタッカー・DH）と 南野（アタッカー・トップ下）が2ndタスクがそれぞれ異なる インサイドハーフになる変則的な［3-1-4-2］に変更
75分	堂安の同点ゴール （三笘→南野のシュートをノイアーが弾いたボールをシュート）。

図6－2 「後半開始」から「堂安の同点弾」までの交代と戦局

価値は大きかったと言えるでしょう。そして、その価値を最大化する一手を森保監督は試合終盤に打つことになります。

森保一のラッシュ戦略

堂安の同点弾までの交代と戦局の関係をプロットしてみます（図6－2）。

ドイツは70分まで、混乱するどころか決定機を作り続け、試合をクローズするための交代を行っています。

彼らが混乱しはじめ、日本が本格的に主導権を握るのは南野が投入される74分からです。堂安が投入された時点では、日本のシステムとタスクの組み合わせは本質的には変わっておらず、ドイツは対応できていますが、南野の投入でシャドーに上がってきていた伊東が再びWBに戻り、鎌田と南野がアタッカータスクを色濃く担い、それぞれDHとトップ下という別々の任務も兼ねるインサイドハーフというべき存在となる「3－1－4－2」（「3－2－4－1」）、というのは彼らの想定外の変化だったと思われます。

日本側からみると、鎌田と南野のこういったタスクの分け合いそのものはチーム作りの早期から存在するオプションです。森保ジャパン初期〜中期のメイン布陣だった「4－2

－3－1」のトップ下で時には南野が、鎌田が起用され、その時2人は、トップ下でもありインサイドハーフでもあり、鎌田の場合はDHの肩代わりも時に行い、南野の場合はセカンドストライカーも兼務する、という役割の違いが同じ布陣でも相手による使い分けをうみだす、というオプションになっていました。それはドイツも洗い出し、分析していたと思われますが、「2人がこのタスク配分で同時起用される3バックシステム」はこの試合で完全に初めて採用されたという点が彼らにとって大きな問題になったと思われます。この時間帯まで日本のピッチに存在しなかった、インサイドハーフ役を担う選手が突如2人出現し、片方はDHの位置から駆け上がってくるし、片方はFWなのかトップ下なのか判然としない動きからボックスに侵入してくる。これはドイツにとっては、混乱しない方がおかしいとすらいえる状況でした。

それでも彼らは5分以内に、この日本の繰り出した策に適応し始めるのですが、日本はこの奇襲を仕掛けた直後のほとんどファーストプレーといっていい流れ、ミスマッチからフリーになった南野が放ったシュートのリフレクションを堂安がシュートするという形で同点に追いつきます。

この間、わずか1分でした（南野投入が74分、堂安のゴールが75分）。

忘れてはならないのは、これだけめまぐるしいシステムチェンジを短時間のうちに複数行い、しかも71分以降はアタッカー過多の状態になっていたにもかかわらず、「攻撃の選手ばかりで守備が疎かになる」という形に陥っていない点です。デュエル、インテンシティ、プレッシング、カウンタープレス——これらの最低基準を、おそらく一貫して行ってきた合流後の非公開戦術練習で徹底してきたため、どの選手もそこで強さ、原則的プレー＝グループとしてそれを発揮できるプレーができる。そのため、アタッカーばかりの「3－1－4－2」カードを切っても強度、連続性が落ちなかったと思われます。ミスマッチ合戦を活用する面と同様、チームとして重視してきたものが、最もそれが必要となる局面で活きている。これは最後の1年で「できなかったハイプレス、ミドルプレス、カウンタープレスが形になってきた」のと同様、ドイツ戦の70分から試合終了までの20分強は、4年間少しずつ確実に、戦略的に積み重ねてきたものが成果をあげた時間帯でした。

ロングスパンで準備してきた強みが存分に発揮され、文字通り「混沌を誘発」することに成功したこの時間帯に具現化した戦況、チームとしてのプレーこそ、戦略家・森保一の真骨頂だったのかもしれません。

〈コスタリカ代表戦〉

W杯

グループE　第2節

2022年11月27日

アハマド・ビン・アリ・スタジアム（カタール）

日本―コスタリカ
0－1

フレール　81′

コスタリカ代表分析

事前分析をすると、コスタリカ代表は全く侮れないチームであることがわかります。彼らは北中米カリブ海最終予選で、アメリカ、カナダ、メキシコと戦っています。この3カ国は今大会にも出場していますが、次回2026年大会の共同開催国で、それを睨んだ強化を続けています。ベスト16に進んだアメリカ以外はグループステージで敗退しましたが、2026年大会での躍進を期待できる内容を見せていました。戦術はポジショナルプレー基盤で安定性の高いものにアップデートされており、しかるべきコーディネーションを身につけた、技術高く走れる、強度も出せる若手選手が揃っています。得点力など、最後の一押しのクオリティをまだ欠いていますが、強豪国とも十分渡り合えるところを今大会で見せました。コスタリカは、最終予選中この三国に一歩も引かず互角以上に渡り合い、紙一重のところで大陸間プレーオフに回らざるを得なかったというチームです。最終予選の内容も、ニュージーランドとのプレーオフも非常に強度、クオリティ共に高かった。

彼らもまた、ポジショナルプレーのエッセンスを身につけています。ポジショナルプレーのエッセンス、コーディネーションについてはスペイン戦分析で詳述しますが、コスタリカの選手たちは、ほぼ全員がそれらを共有しており、ボールをしっかり確保しグループ全体、チーム全体で統一されたスキル、身体の使い方でスムーズにボール保持、ビルドアップできます。

コスタリカは人口500万人ほどの国ですが、中南米諸国の中でも、識字率が非常に高い国の一つで、国として、社会として目的を定めそこに向かって組織化を行い、着々と事を進める知的労働者のリソースをかなり持ち合わせています。

識字率の高さ、高級官僚などの知的労働者層の厚みなどは、この国が経済的な安定性を重視する国作りを進めてきたことと関係していると思われます。中南米地域は、歴史的に現代以前はヨーロッパの植民地宗主国、現代ではアメリカ合衆国の政治的影響を強く受け、東西冷戦期米ソの争いを反映したいわゆる代理戦争の舞台となりました。共産主義・社会主義勢力や、そういった勢力とつながりの強い民主主義勢力を抑制するため、アメリカが各国の右翼勢力や軍部を時に使嗾し、政権転覆、軍事独裁政権の擁立をしばしば行っています。銃を持つ者たちによる抑圧と反乱が頻発し、内戦状況に陥ることも珍しくない時局を繰り返すうちに、社会、経済ともに不安定化する——そういった地域史、また自国内、隣国関係の経験から、コスタリカは「常備軍としての軍部」を排して、軍事力と暴力の国政への影響を元から絶つという選択をしました。この選択は効を奏し、同地域内の他国に比べてコスタリカ社会は安定した民主主義体制を維持、国外の投資も呼び込め国際的な経済成長の恩恵も受けられるようになります。経済成長が中間層、知識層を生み、教育の重要性が社会全体で認められ、識字率が上がり知的労働者を輩出して多様な経済活動が活発化する国勢を実現しています。

そういった国としての基盤を活用して、歴史古く国技と位置づけられているサッカーの環境整備、強化を長期的な視点で進めており、現代サッカーの発展にキャッチアップする意図からでしょうか、近年様々な改革を行い、クラブ経営、チーム運営に国外の様々な人材を招き入れています。その結果、国内リーグにスペイン人の指導者、ゼネラルマネージャーが増加し、サッカーの現代化と底上げが進められています。

代表監督のルイス・フェルナンド・スアレスは長いキャリアをもつ人物で、南米・中南米の代表チーム監督を歴任してきました。近年では2014年にホンジュラス代表をW杯本戦に導いています。今回はコスタリカの国内改革、キャッチアップを踏まえた代表チーム作りを行ってきました。若い世代含め、多くの選手を、その中から、彼らが今実践しているサッカーができる、新しいスキルセットを身につけた選手をチョイスしています。走れて技術があって、若い良い選手がいるチームになっているといえます。

サッカーとしては、ポジショナルプレーのエッセンスと中南米らしさを融合させたようなものをやります。ボールを持てるからといって必ずしも攻撃的というわけではなく、様々な方法をもったチームです。［4－4－2］でブロックを作りながら、ボールを奪った後は単純にサイドに付けたりせず、ハーフスペースに絞ったSHがFWと連携しながらボールをキープし、前線でもトライアングルを作って攻撃の選択肢を持とうとする。とはいえ、ボールをあちこち回そうとするのではなく、その中で素早くゴールに向かおうとする。ポジション移動のメカニズム、ボールの配球（ディストリビューション）、ボールを受けた後どうするか、等々ポジショナルプレー基盤のスキルセットをどの選手も持っているので、例えば、CBや深く引いたボランチからミドルレンジの高速グラウンダーパスがハーフスペースに入ったSHに送られる。技術的にブレ少なくピシッと受けて、すぐにクルッとターンして前進できたりする。守備では中南米のチームらしく、ボールホルダーとボールに厳しくアプローチし、1対1でボール争奪の駆け引きをしっかりとします。体を当てるのがうまかったり、足を入れるのがうまかったり、相手に前に出られてもファウルで止めるのがうまかったり、ファウルしないようにボールホルダーの内側を走って選択肢を削ったり、個々の局面から相手にモメンタムを与えない細かいところが巧みです。そういった特徴を、「1点でもリードしたら、しっかりと守備をし、相手の勢いを削いで時間を経過させる」という方向に活かしてきます。むしろ日本が苦手としてきたタイプのチームだといえます。

スペイン戦で大量失点したコスタリカの守備

コスタリカは、ライン間や選手間にギャップ・距離を保った、さほど圧縮しない、比較的ゆったりとした［4－4－2］ブロック、もしくは［5－4－1］ブロックを組んで守備をします。一見スペースがあるのですが、相手が4バックシステムだろうが5バックシステムだろうが、その間に入ってきた相手を個々の選手がしっかりと掴まえられている局面が多い。つまり、マッチアップズレが起こりやすいフォーメーションを相手が選択してきても、そのミスマッチをものともしない。選手個々のスプリント能力、速さだけではなく距離、繰り返せる力が高いため、相手の配置に柔軟に対応して1対1で掴まえてしまうのです。ある程度広いスペースに相手を誘い込んでボールを取るため、そこから攻撃に転じる時には自分たちもスペースを得やすい。ポジショナルプレーのコーディネーションを各選手が身につけているので、そういったスペースを効果的に素早く使って前進できる。

布陣を大きく変えなくても様々な相手のやり方に対応でき、攻撃もできるというチームになっています。見た目上、ギャップが広い守備陣形には意図があるわけです。

ですが、グループステージ初戦となるスペイン戦では大量7失点で沈みました。スペイン代表の「ギャップに入り、相手の守備の動きを誘ってボールを生かし、崩す」というスキルが彼らの想定以上のレベルだったものと思われます。ただし、そういった脈絡で短時間で立て続けに3失点した後、コスタリカは［4－4－2］から［5－4－1］に切り替え、ギャップを狭くしてそこに入ってくるスペインの選手たちへのプレッシャーを高め、やはり短時間で守備を安定させています。ミスから4点目を失った後、1点でも取るため再度4バックに戻してバランスを崩した後に3失点していますが、5バックの時間帯は、中に入れなくなったスペイン攻撃陣を外側（サイド）に追い出し続けることに成功。スペインは明らかに攻めあぐねていました。この対応力の高さ、構造は日本戦でも発揮されることになります。

日本のコスタリカ対策

日本代表は、コスタリカの試合を相当分析してきた上と思われる選手構成で臨みました。

堂安律、鎌田大地、上田綺世、山根視来――DFラインとMFラインの間に入る――いわゆる間受けが得意な、ギャップに入り込み狭い場所でプレーする能力の高い選手たちです。単に個々が「間に入る」だけではなく、例えば山根はインサイドに入るプレーを得意とするSBなので、内外を堂安と分け合いながら、つまり内側の「間」に入ってくるのが堂安なのか山根なのか、判断を迷わせるコンビネーションが期待できる組み合わせも含まれています。また、そういった攻めを嫌ってコスタリカがギャップを狭めてきた時のために、スピード豊かで外側から内側に切れ込んでくる動きも巧みなサイドプレイヤー、相馬勇紀を堂安の逆サイドに配しています。ドイツ戦で、日本がDFラインを内側に締めて守備している局面で、そのためにぽっかりと空いたサイドのスペースをSBラウムが突き、そのままサイドからボックス内に侵入、権田のミスを誘ってPKとなったシーンがありましたが、相馬はあのような役割を期待されていたと思われます。設計、狙いとしては、コスタリカのやり方に適応したチョイスになっています。コスタリカにこのような選択で当たるというのは、代表最終選考時から練られていたものと思われます（図6－3）。

一方、コスタリカ側は、4バックでも5バックでも可能な人選で入ってきました。状況に応じて布陣を変え、ギャップを空けて日本を誘い込むこともできますし、逆に締めてし

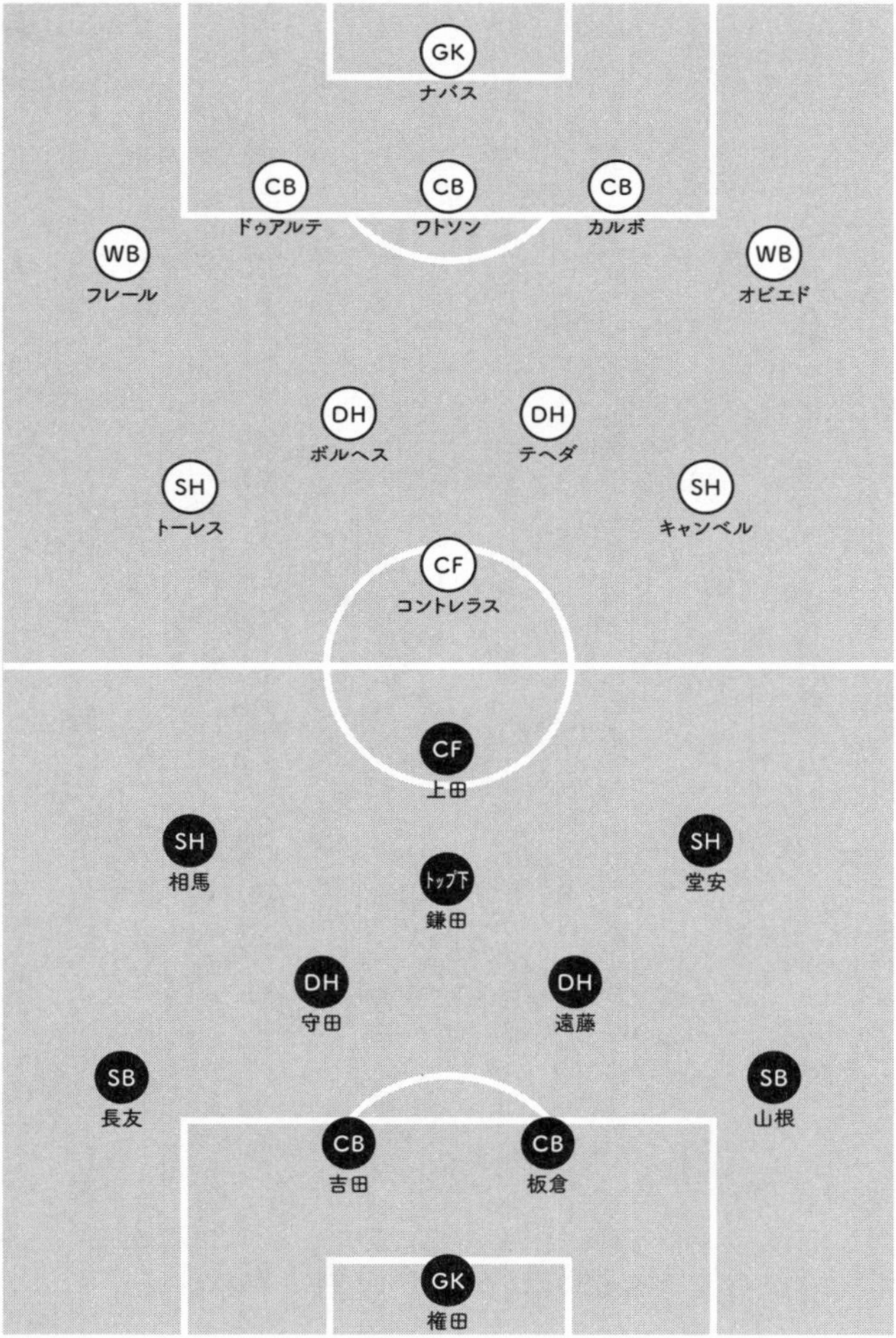

図6－3　コスタリカ代表戦の初期フォーメーション

まうこともできます。後者を選ばれても対応できる準備を日本はしていますが、「5－4－1」で締められるとスペイン代表の攻撃も20分、30分と耐えきるところをコスタリカは見せています。日本代表が「4－2－3－1」を選択した場合、チーム最強（それどころか、ブンデスリーガのデュエル王）のボールハンターであるDHの遠藤航の守備力を活かすため彼が広い範囲を動き回ります。そのため、遠藤がいなくなったバイタルエリアにスペースが生まれやすくなるのですが、CBが積極的に前に出てそこを守るということは基本的にしません。4バック＝2枚しかCBがいないため、最終ラインを維持する安全策を採るのが基本線なのです（ドイツ戦後半のように、3バック時は1枚前に出ても2枚残せるので、積極的に前に出て守備をします）。そのため、SHがハーフスペースに絞ってアタックするコスタリカとしては、このスペースを狙いつつ、日本がこのスペースを嫌ってDFラインを上げて消しにきた場合はその裏を狙うというプランを、実際の試合をみても、用意していたと推測できます。

前半――コスタリカの変化、試される自発的対応力

日本は立ち上がりからアタッカーがコスタリカの守備の間を積極的に攻めます。相馬と長友の連携でサイドをスピーディに攻略するなど、プラン通りに良い流れを掴みました。しかし、日本の狙いを確認したコスタリカは前半5分を過ぎたあたりで早くも3バック(「5－4－1」)に変更。堂安らがライン間に入っても、コスタリカCBの前に出る守備で掴まえられるようになってしまいます。このことで、前半極めて早い時間から、狭められた5と4の間に日本の選手が3枚、4枚と入るほとんど渋滞に近い状態を呈します。コスタリカのCBとWB、DHとSHが間に入る日本選手をしっかり監視し、ボールが入ればすかさず厳しくアプローチ。DHの守田が上がってその中に入り、局所的に数的優位を作って状況を打開しようとしますが、1枚残った遠藤にコスタリカはマーク(CF)を貼り付け、日本がCBとSBからしかボールを出せないように追い込みます。CB(吉田麻也、板倉滉)の縦をDHが切り、SB(長友、山根)の縦をSHが切る。「間」に入った前線の選手はみな自由を得られておらずパスを出しても受けきれない、DFラインからのビルドアップも詰まり気味、相手DFとの駆け引きからのラインブレイクを得意とする最前線の上田がしきりに裏抜けを試みますが、そもそもボールを出しづらくされているので活かせず――そんな戦況にあっという間に持ち込まれてしまいました。日本は1stプランをロックされ、個々の局面でコスタリカの強度高いアプローチに悩まされる状況に。ある意味、森保監督と日本代表が積み上げてきた戦略的両輪——チームとして獲得すべき競争力のベースをなすデュエル、インテンシティに基づく「勝利の可能性を高める戦略的枠組み」、そして選手たちの自発的なコミュニケーションから生み出されるソリューションで困難を打開する「委任戦術」——その双方が、まさしく試される展開になったといえます。

前者については問題なく、コスタリカの激しい当たりに一歩も引かず、丁々発止の戦いを繰り広げることができています。問題は後者の方でした。日本は、次第にコスタリカ5－4のライン間に上がった守田と鎌田が徐々にインサイドハーフに近いポジショニング、プレーを分け合うようになります。上田の動きと合わせ、3枚でライン間に入り込むことによりコスタリカの3CBを1人ずつ引きつけながら、外側のWBをSB（右サイドなら山根）とWG（同じく堂安）で攻める、という形を作るところから、コスタリカ側の対応を見て崩しのアクションを試行錯誤しはじめていました。これ自体（守田と鎌田がインサイドハーフ化して［4－3－3］に変化）は、コスタリカが［5－4－1］にチェンジした場合を想定して準備していたものと思われます。今大会の試合を通じて、日本は相手最終ラインの枚数に対し、狙いに応じて枚数を変化させ、そこを起点にしてラインを下げさせ中盤をオープンにする、ミスマッチが生じやすい状況を作るなどの戦術的意図を顕在化させていたからです。その方針の上で守田、鎌田、上田、堂安らはソリューションをピッチ内で探っていたのでしょう。

既述の通り、コスタリカはマッチアップやマッチアップズレ（ミスマッチ）を作られることへの耐性が強いという特徴を持っています。日本のこの狙いに対しても、それぞれのコミット範囲の広さ、人を摑まえる速さ、強さを発揮していました。日本の選手たちは10分程度の間にかなりのパターンを試したのですが、自分たちのDFラインを一時的にバラしても日本側の一人一人の動きを見失わないよう、コスタリカはうまくリアクションしています。日本はなかなか状況を動かせなくなっていきました。ただ、状況を動かせないということ自体はコスタリカも同様。日本もコスタリカも、そこでどこかに穴を空けるには、空けさせないためにはデュエルで勝つこと、負けないことだとばかりに球際のぶつかり合いを相互にヒートアップさせていく、というゲームになっていきました。

後半——三笘を活かせないデジャ・ヴュ

前半の、白熱しつつも均衡した状況に対し、先に動いたのは森保監督でした。浅野、伊藤洋輝を入れ、布陣も山根と相馬がWBになる［3－4－2－1］（［5－4－1］）にチェンジ。前半効いていた、インサイドハーフタスクの選手2枚＋CFでコスタリカの3バックを引きつける形を活かしながら、そのインサイドハーフ（シャドー）を高い位置に留め置き、コスタリカのハーフスペースを使ったビルドアップを阻害。CBを3枚にすることによってCBの前進守備を可能にしてバイタルエリアを消しつつ、ハーフスペースからサイドのエリアにプレッシャーをかけやすい形を実現。そこでボールを確保できれば、前半のシステムと異なり前線に2インサイドハーフ（シャドー）とCFを常時構えておけるので、よりスムーズに素早く、コスタリカの対応速度を超えてアタックできる可能性が高まります（図6－4）。

選手たちの動きを見る限り、このシフトチェンジで後半開始直後、コスタリカが対応しきる前にモメンタムを握り、チャンスを作って仕留めるという狙いがあったと思われます。実際に、前半よりも可能性を感じるチャンスを5分足らずで、二度、三度と生み出しました。

立ち上がりは、日本側の立ち位置の変化を確認していたのか押されていたコスタリカも、日本の基本的なアイディアが、インサイドハーフタスクを担う選手をCBの前に出してくるという点では前半と変わらないこと、新しく入ってきたCB（伊藤）がCBの位置でビルドアップに関与する点、そのあたりを後半8分から10分の間に確認したものと思われま

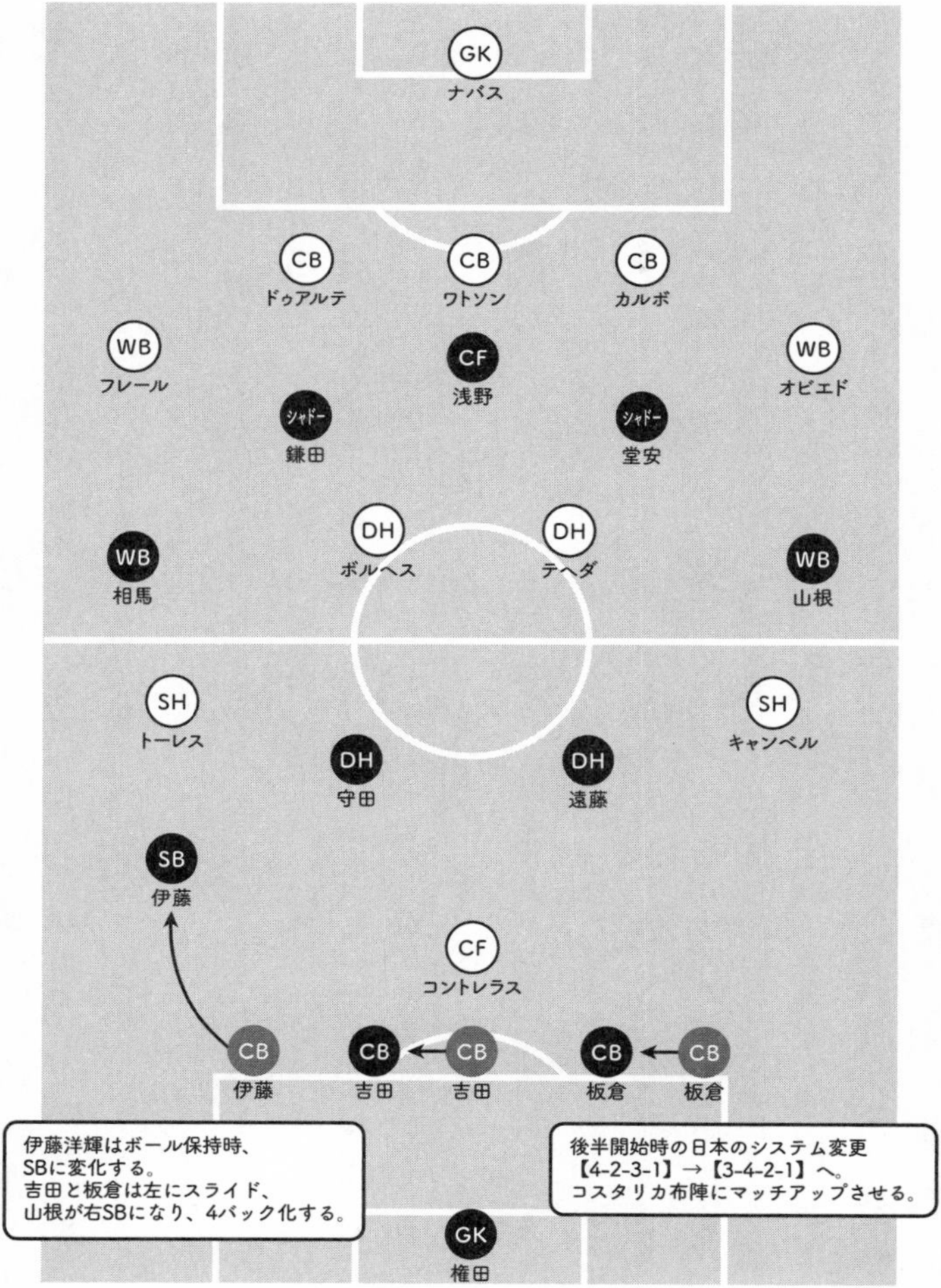

図6－4　コスタリカ代表戦後半のシステム変更

す。［5－4－1］ブロックは変えず、伊藤をSHが監視し、WBはWBが、インサイドハーフ（シャドー）はCBが見て、その関係性の中でできた穴や、その穴に入ってくる選手をDHがみる、という形にすかさず整理してしまいました。コスタリカの対応で、後半15分頃に事態が落ち着いてきたとみるや、森保監督は山根に代えて左WBとして三笘を投入（相馬を右WBに移動）。

ここは後半通じて興味深い駆け引きが見られたポイントです。三笘が入る少し前から、左CBに入った伊藤がSB化してハーフスペースを中心に上がり気味にプレーするようになりました。コスタリカのSHは伊藤を見ているので、その動きについていかねばなりません。それでSHを動かしたところへDH（遠藤）や鎌田が入って、自身のマーカーから逃れてプレーしています。コスタリカもそういう穴ができることを想定しているので、穴埋め役のDHがすかさず反応するなど事なきを得ていましたが、SHが対応しなければならなくなる局面も出てきます。SHは伊藤のマーク、DHのサポート、WBのサポートの三役を一度にこなすことを要求されるタスクオーバー状態となり、同サイドの味方WBのサポートをする、という仕事が後回しになる傾向が見られるようになっていました。つまり、コスタリカの右WB（日本から見て左）は日本のWBに1対1で対応しなければならない局面が増えていた。そこで、1対1で絶対的な強さを発揮する三笘を投入したのです。これは、段取りとしては非常によいものだったと思います。

ところが、コスタリカのスアレス監督は日本のこの打ち手を待ち構えていたようです。すかさず、戦局を左右するポジションとなったSHを交代して、若く機動性の高いフレッシュなアギレラを投入。伊藤のマークをしつつ、同サイドWBと連携して三笘を消すというダブルタスクを遂行できるようパワーを上げてきました。それに対し、森保監督は堂安に代えて伊東純也を投入。伊東は右サイドのシャドーの位置に入ります。DFラインに圧を加えるとともに三笘の逆のサイドに圧力をかけ、コスタリカのブロックがそちらの方へ傾くことを促し、伊藤洋輝と三笘を双方見なければならないアギレラの走る範囲をより広くさせ、三笘を止めるタスクに参加するのを困難にさせる——三笘がフリーもしくは1対1で仕掛けやすくするという意図があったものと思われます。

両監督の駆け引きと、それを体現する両チーム選手たちの動向が熱い展開を生み出すという試合内容になっていましたが、日本としては、この大会に向けたチーム強化全体に関係する、大きな問題が顕在化していました。ゲーム戦略としては「三笘で仕掛けろ」というお膳立てができているのに、コスタリカ側の的確な対応があるとはいえ、三笘を効果的に使う全体の動き、ボール保持、攻撃時のアイディア、ソリューションをチームがまるで打ち出せないでいたのです。森保が先に動くのを待ち、三笘カードが切られてから対策を打つ、というコスタリカ側の的確な対応があったのは確かですが、「委任戦術」を戦略的な両輪のひとつとして推進してきた日本としては、ピッチ内でのソリューション創出をここでできずにどうするのだ、という格好になってしまったのは否めません。

その後、WBとしては本職ではない(WBは本来的には守備重視のポジションです)三笘のサイドから突破を許し、意図はわかるものの中途半端なものとなってしまった吉田のパントキックを奪われ、そこからループシュートを決められてコスタリカが先制。リードされた後の最終盤に、ようやく三笘が勝負できる状況を複数回作ることに成功しましたが、時既に遅し――という結果となってしまいました。

コスタリカ代表戦でみえたもの

この試合、日本代表はコスタリカ代表に全力をぶつけていました。彼らの弱点を衝くスターティングメンバーを選択していましたし、対応された後のプランBもありました。先制された後の膠着状態を先に破って主導権を握り、その間に試合を決めるという、ドイツ戦でも、この後のスペイン戦でも効を奏した戦略的な打ち手をこの試合でも打っています。そこからチャンスも作りました。けれども総じて、森保監督の、チームの準備した戦略的な打ち手の有効性を拡充する、肉付けしてピッチ内の千変万化に適応するために求められる「選手の自主的な対応力」の不足が目立った内容、結果だったと思われます。三笘で仕掛け、三笘で決めるという森保監督の戦略的な示唆を明らかに十分に発展させられない、というのは象徴的な事態でした。監督が切るカード、カードを切るタイミングの判断によって戦況が大きく変わる、「選手たちの判断」はそれをしっかり具現化したり、ピンポイントの状況解決では良いものを見せられるが、もうひとつ大きい戦局の変化についてはほとんど寄与できない。「戦略的な両輪」のうち、「委任戦術」の達成度はそういったところに留まる。ということなのでしょう。逆にいうと、だからこそ緻密な計画を立てて、采配で勝ちにいかないといけない。大会のレベルは大きく異なりますが、東京五輪と同じで、選手たちが自由自在に判断してソリューションを見出していくというチームには、あの時もできなかった。それゆえ五輪代表では、本戦用にかなりゲーム戦略、作戦を固めて、その面の不足を補った。それが効を奏して良い内容でグループステージを突破できたのですが、固めたゲーム戦略、作戦を相手に研究され対応されたら、その先の変化、適応をピッチの中で実践できず、金メダルという目標未達どころか、銅メダルにも届かないという結果に終わりました。采配側でゲームを変えるという準備と奥行きは、より厳しいワールドカップ本戦だからこそ東京五輪のチームよりも、より分厚く、深いと思います。ですが、それだけではやはり目標に届かない。五輪でもワールドカップでも、そういう高い目標を掲げているということだと思われます。

とはいえ、おそらく森保監督も、それだけの縦横無尽な判断力を選手たちに実装させる、それをこの大会に間に合わせることができる、とは考えていなかったのではないでしょうか。ある意味、それが十分なレベルに達しなくても目的達成可能なチーム構造、プレークオリティ、競争力の完成を補完する手立てを平行して用意しておく——そういった観点でこの代表を戦略的に構築してきたのかも知れません。この点については、エピローグにまた論じます。

〈スペイン代表戦〉

W杯

グループE　第3節

2022年12月2日

ハリーファ国際スタジアム（カタール）

日本―スペイン
2－1

モラタ　11′

堂安　48′

田中　53′

スペイン代表分析――その強さの源泉

サッカーという〝ゲーム〟は、「混沌とした状況を連続して生み出す」ことにすぐれて特化したゲームシステムを備えています。「広大な空間に過少に散らばる参加者個々がそれぞれの主観内では全てを認識しきれない速度・領域・方向で事態が止まることなく進行する」ゲームであるゆえに、「ゲームが表現する混沌状況に適応すること」が重要で、そのことによって混沌がもたらすデメリットを最小化し、自らの優位を作為し勝利の確率を高めるメリットに転化しなければなりません。そこでは、「必然的に混沌という状況が生じる」というゲームの仕組みにどう対応するか、明確な戦略が求められます。この戦略について、本書では、次の3つの方向性があるという見方に立っています。

- 混沌に「適応」する
- 混沌を「コントロール」する（起きないようにする）
- 混沌を「誘発」する

スペイン代表の拠っているポジショナルプレーは、第2章で論じたとおり、「適応」戦略にあたります。

ポジショナルプレーの源流となったトータルフットボールは、1950年代のオーストリアで見られたアイディアを元に1960年代のオランダで発祥しました。1970年代、リヌス・ミケルス監督とヨハン・クライフによってFCバルセロナにもたらされた後、監督としてバルセロナに戻ったクライフがトータルフットボールを発展させたサッカーを具現化。その後、同じオランダ人監督のルイス・ファン・ハールがやはりバルセロナで展開したサッカーと合わせ、これらが現代のポジショナルプレーの直接的な基盤となります。

クライフによってカンテラ（下部組織）から引き上げられトップチームデビューし、ファン・ハールにも重用され2人から多くを学んだジョゼップ・グアルディオラが現在見られる形にポジショナルプレーを現代化、再現性の高い戦略、戦術としてバルセロナを率いて2008年シーズン以降、世界を席巻します。

スペイン代表は、グアルディオラのバルセロナの革新を待たずして既に2004年、機動性の高いグループを形成しショートパスを回しながら相手を崩していく〝ティキ・タカ〟と呼ばれるスタイルを追求し始めていました。ルイス・アラゴネス監督が植え付けたこのスタイルをベースに、グアルディオラのバルセロナの選手や彼らと二強を成していたレアル・マドリードの選手が代表の中核を成すことでチームを強化。時を同じくして興隆のまっただ中にあった現代的ポジショナルプレーとの融合が進み、2008年にEURO（欧州選手権）で44年ぶりの優勝を果たすと、2010年ワールドカップ・南アフリカ大会で初優勝、さらに2012年のEURO連覇と、黄金時代を築き上げます。以降、ティキ・タカ＋ポジショナルプレーがスペイン代表のアイデンティティとなって今日に至ります。

現在では、スペイン全体で、現代のポジショナルプレーで求められるスキルセット、チームプレーに正しくコミットする意識を備えた選手たちが輩出されるようになっています。監督のルイス・エンリケは、それが彼自身の哲学であるだけでなく、意図的に育成されたポジショナルプレー新世代の選手たちが揃っているという状況もあり、原理主義的ともいえるほどこのやり方を徹底しているものと思われます。その結果、ポジショナルプレーの完成度においては2008年〜2012年の黄金時代をも凌ぐチームが作り上げられました。ベーシックなポジショナルプレーだけでは難しい時代だといっても、これくらい突き詰めると違いが作れる。基礎を極めきれば十分強くなる、古典の極北といってもいいチームです。

ブスケツ、ガビ、ペドリというバルセロナ組が、今回のスペイン代表中盤のベストメンバーですが、彼らだけでなくチーム全体としてみても、ポジショナルプレーの素養を持つスペイン各地域出身の選手たちが選出されています。ただドイツの場合と同様、戦略的な幅の狭さが出てしまい、弱点となっている可能性が、スペイン国内からも指摘されていました。例えば2010年の南アフリカ大会当時の監督ビセンテ・デル・ボスケは、ポジショナルプレーの共通理解の高さをもつ選手たちの個の判断力、グループの判断力を最大限に活かしたチームを作りました。その時すでに、ティキ・タカだけでは勝てないからと、サイドアタック専門の選手を入れて、事態が詰まった時に状況打開するカードにしています。今回も確かに単独突破力のあるアンス・ファティを連れてきていました。ただ、そのアンス・ファティもバルセロナでしかるべき作法を身につけているからこそ呼ばれている意味合いが強く、状況打開の「異能」カードとしてのインパクトはさほど大きくなかったといえます。ただ、メンバーの隅々、彼らのピッチ上の一挙手一投足まで哲学が浸透している度合いは、スペインのほうがドイツよりも明らかに高い。「哲学」に準じる姿勢がより強く、そのことで戦略の幅が狭まったとしても、微調整能力で状況を変えていく、変えていこうとする意志を備えたチーム。それがルイス・エンリケのスペイン代表でした。

体幹直下にボールを置け

スペイン代表の選手たちは、個々の選手としてはどういうスキルを求められているのでしょうか。

それは、「ボールを体幹の真ん中・直下に置く」ということです。

非常にシンプルですが、戦略の根幹という最大部分と個人の技術という最小部分をリンクさせる極めて重要なもので、スペインでは、特にポジショナルプレーを実践する人々の間では、とにかくそこから全てが始まるというスキルなのです。

なぜ、ボールを真ん中に、体幹直下に置くことが必要とされるのでしょう。一言でいえば「何でもできるような状態に自分たちを置き続ける」ことができるからです。そこからであれば、右でも左でも、どんなパスでも出せるし、ドリブルもできる。どっちの方向へも動ける。何でも選択できることで、相手が何をしてきても自分たちが望むようにリアクションできる。相手が右から来ても左から来ても、突っ込んできても途中で止まってこちらの様子をうかがっても、利き足を狙ってきても、あるいはフェイントをかけて右を切ると見せて、左に切り直すみたいなことをするのだとしても。自分が何をするか、相手が何をしてくるか。これらを全部ひっくるめて、あらゆる状況に対応できる状態を可能な限り継続する。それが、彼らにとっての「ボールを真ん中に置く」ことなのです。

何はさておき、まずボールを体幹直下に置く。そして、できるだけヘッドダウンせずに(頭を下げない、足下を見ない)ヘッドアップ(顔を上げ、できるだけ広い視野を確保する)し、つまりボールではなく周囲を見ながらプレーする。そのことで、相手の選手の動き、意図をしっかり観察できる。相手だけではなく味方も含めた周囲の状況、変化を見続けることができるし、情報を入れ続けることができる。そういった観察によって、自分のチョイスであったり、あるいは相手の動きを予測したうえでのリアクションといったこと、つまりあらゆる行動が可能になる。メッシやシャビ、イニエスタ、今回の代表であればブスケツ、ロドリ、ペドリ、ガビ、トーレス――皆、この基礎に習熟しています。

「中間的状態」維持の哲学、それを成り立たせる「ターン」

この基礎技術に対するアプローチは、フォーメーションをめぐる考え方とリンクしています。彼らは[4-3-3]を好んで用いますが、このフォーメーションであれば、パスコースを数多く確保する=フォーメーションの関係性の中に入っている一人一人の選手が、起き得るあらゆる状況に対してグループとして対応できるようになりますし、そのような関係性を保ったまま、散開してピッチ全体をカバーすることができるからです。

サッカーは、参加人数に対してピッチの広さが過大となるため、スペースが数多く流動的に発生するボールゲームです。その流動的に発生するスペースを効果的に制する、利用することがこのゲームで勝利するために重要になります。それを実現するため、「自分たちが不利になるような数的劣位が起きる状況をいかに抑制するか、攻略したいエリア、スペースでいかに数的優位を得てフリーの選手を作り出すか」という命題に名将たちは取り組んできました。ヨーロッパのサッカー大国のひとつ、イタリアには「サッカーは丈が足りない毛布」というたとえがありますが、確かにこのゲームのピッチの広さと参加人数の関係を考えると、「どこかで数的優位を作ってしまったら、どこかで必ず数的劣位に陥って敵にスペースを明け渡すことになる」＝「丈が足りない毛布なので、身体のどこかを覆おうとすればどこかが露わになってしまう」ということになります。ポジショナルプレーが、スペイン代表が求める「パスでつながることが可能な関係性を維持したポジションの散開状態（［4－3－3］のフォーメーション）」とは、サッカーというゲームが突きつけてくる「あちらを立てればこちらが立たず」の問いに対するひとつの答えです。彼らは、中間の状態＝関係性を維持した散開状態を常に保つことを重視します。密集もしないし、散り散りにもならない。その中間の状態を保つことによって、自分たちが密集をしないといけない局面では相手よりも早く密集できるし、相手よりも分散して状況を打開しなければいけないならば、相手よりも早くその状態に変化できる。つまり、数的優位を作りたいときには相手より早く数的優位を作れるし、誰かをフリーにしなければならないならば、チームとして相手よりも早くそういう状況を取れるということです。より重要なことは、「中間的な状態」がフォーメーションや組織構造として明確に定義されているため、密集しても拡散しても、素早く中間的な状態に戻ることができる。それら全てがセットになることによって、様々な状況や選択に対して、何でもできるような配置の状況を自分たちが維持し続けることができるというもので、グアルディオラ以降彼らはそれを実践し続けています。今大会のスペイン代表も同様です。

こうした考え方に習熟し、そして体幹の直下にボールを置ける選手たちの大きなメリットが「ボールを守りながらターンができる」ことです。相手がどの方向から自分たちにプレッシャーを与えてきているかということを読み取ることさえできれば、相手のプレッシャーのベクトルから逃げられる方向を選んでボールを動かすことができます。現代のハイスピードなサッカーの中でそれを実現するには、「ターン」が一番効果的なのです。「右か、左か」というゼロイチの選択では、相手のプレッシャーの方向付けを微調整されたら掴まってしまう。ターンができれば、相手を観察しながら、自らも動きながら、刻々と変化する相手の動きのベクトルと「とにかく異なるベクトル」を選んで、ボールを逃がすことができる。それに対応して相手もプレッシャーのベクトルをチェンジしていくわけですが、そこで「パスによる関係性を維持した散開状態」が意味を持ってきます。個々が相互支援可能なポジショニングが既にできていて、「それぞれが体幹の直下にボールを置いてターンし、適切な方向に離す」と意思共有もできているので、ボールを受ける選手たちがボールホルダーのターンに合わせた場所をとり、身体の向きを既にとっている。

相手のプレッシャーに対応しながら、適切な方向にボールを逃すことを繰り返していると、次第に相手が守れないところ、相手の守備陣形の弱い場所が出てきます。また、単にプレッシャーから逃れるだけでなく、そういった場所が生まれるようにスペインの選手たちはボールを逃がしていきます。プレッシャーが空転するということは、そこに投じた人員の仕事がその時間無為になる＝相手の組織に穴が空く＝そこを埋め合わせるために相手は動く＝「丈の短い毛布」のどこかが露わになる＝どこかでスペースが生まれている、ことを意味しているからです。それがサイドの場合もあるし、中央の場合もあるし、ハーフスペースの場合もありますが、彼らはそのようにベクトルを変えながら相手の弱いところを探して、そこにボールを送り、ゴールに向かって前進していきます。これは相手がどんなフォーメーションであろうと、どんなプレッシャーのかけ方であろうと、すなわちどんな「予想外」の状況であろうと、基本的に応用可能な考え方です。ポジショナルプレーが「混沌に適応する」という戦略だ、という特質は、こういうところに現れています。

このような考え方のところに、試合を決める能力の高い選手——例えばリオネル・メッシ——がいたら、ほとんどの試合で勝利することができるでしょう。メッシがいたグアルディオラのバルセロナのように。

けれどもスペイン代表にはメッシがいない。そして、彼らのやり方は非常に強力だが、戦略レベルで見るとひとつだけ弱点がある。

スペイン戦での森保戦略は、そこを突くものでした。

日本代表、フォーメーション選択の狙い

中央とハーフスペースの守備を優先的に固めながら、いかにその他のエリアを効果的に守るか。対ポジショナルプレー、対スペイン代表の対抗戦術としては必須のアプローチで

すが、この試合日本が選択したボール保持時［3－4－2－1］、ボール非保持時［5－4－1］はその狙いに非常に適した布陣であり、システムでした。

実際の試合で日本代表が振る舞ったように、このやり方ではCFと2シャドー（インサイドWG）、そして後方の2DHで構成される五角形をどのように運用するかが、非常に重要になります（この5枚のタスクに着目して、［5－4－1］ではなく［5－2－2－1］、［5－2－3］と表記することも可能）（図6－5）。

ポジショナルプレーの狙いを阻止できるチームは、この五角形の連動性が高く、また他のエリア、グループとの関係性を含めたプランニングが優れています。まずは、ポジショナルプレーチームのビルドアップに合わせてこの五角形をできるだけ崩さず上下左右にスライドしていくことが重要になります。CFが中央エリアの入り口をおさえ、一列下がったところで2枚のシャドーがハーフスペースの入り口を締める。その背後の中央エリアは、五角形の底辺を成す2DHがしっかりと鍵をかける。CFの動きで中央を消しながらビルドアップの方向を制限すると、ポジショナルプレーチームはハーフスペースに優先順位を移します。ですが、ハーフスペースの入り口は左右ともシャドーが予め封鎖している。仕方ない、と空いているサイドにボールを送られても、ハーフスペースのシャドーが最短距

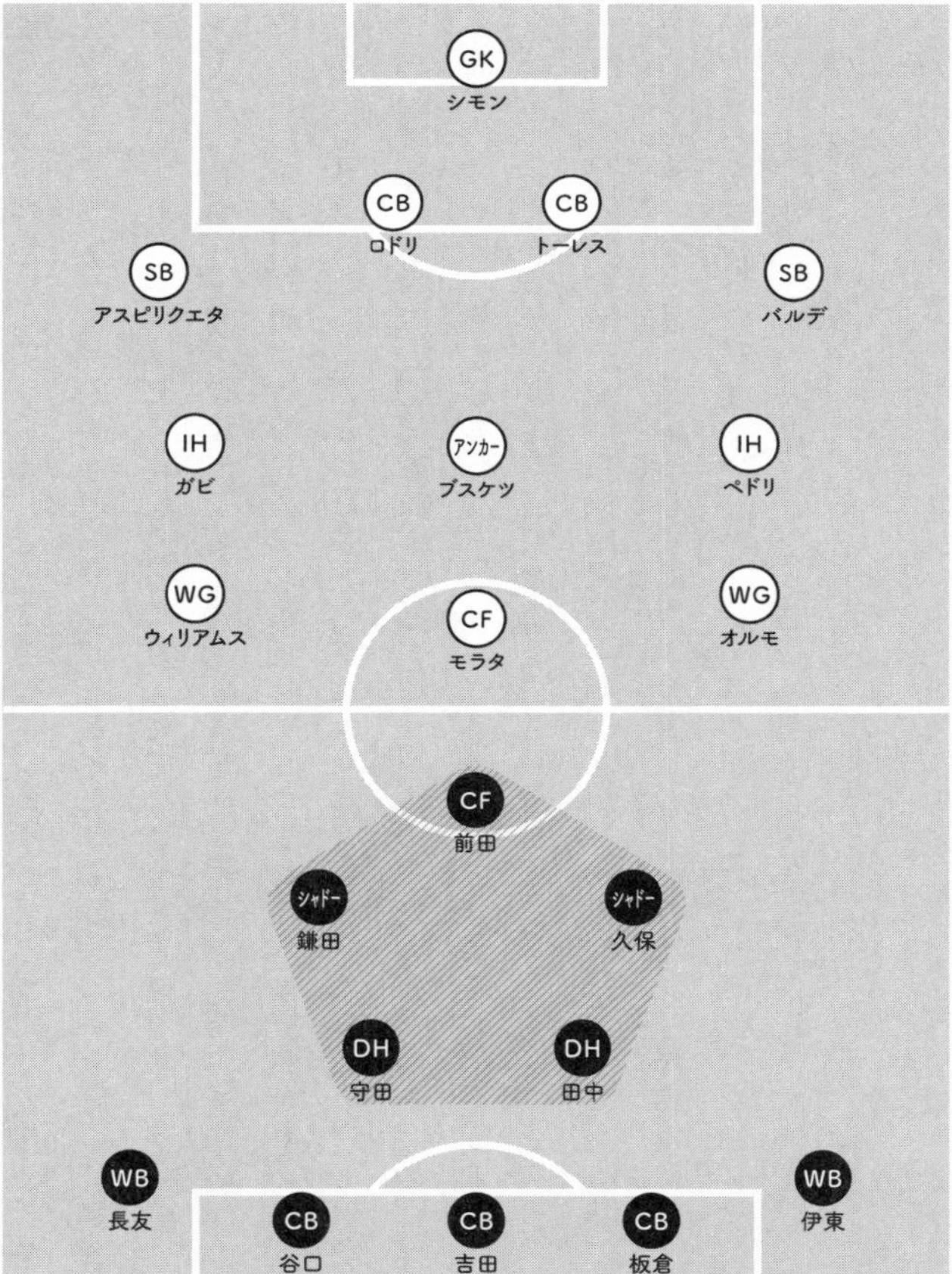

図6－5　スペイン代表戦初期フォーメーション

離でサイドに移動、対応することができます。相手がそこからまた中央にボールを戻してやり直してきたら、再びハーフスペースを締めるポジションに戻る。これを繰り返すだけで、DFラインからのビルドアップを困らせることができます。

そこで相手がサイドに出したボールをシャドー背後のハーフスペースに入れてくるようであれば、DHがチェックに入りつつシャドーのプレスバックやCBの前進守備で奪取を狙う。CBが3枚いることから中央のブロックに余裕が持てるため、1枚が思い切って前に出て守備をすることができます。DFラインの大外にWBがいるため、そのカバーにWBを投入することもできる。DFラインは5枚で構成されるので、前の五角形を突破されても5レーン全てを予め封殺しておける。

前線の五角形を維持し、的確に運用することができれば、このような形でディフェンス面の好循環が望める。日本としては高い位置でカットできれば理想だけれども、自陣でもいいからしっかりスペインのビルドアップを止め、カウンターしたい。そのための伊東純也のWB起用であり、（遠藤航のコンディション不安もあったと思いますが）攻撃時の思い切りの良さ、ロングレンジの駆け上がりが持ち味である田中碧の起用だったと思います。

対してスペイン代表からみると、彼らとしてはヨーロッパ予選でも、またバルセロナなどそれぞれの所属チームでも経験のある対策であったと思われます。前方の五角形をいかに突破するか、それによって残るDFラインやDHの振る舞いにどう影響を与えるか、利用するか――まずは前方五角形のつながりを断ち切る。それができれば攻略できる、というのが彼らの、ルイス・エンリケの考えだったでしょう。

前半――解体されていく日本の「5－4－1」

日本としては、「5－4－1」(「5－2－2－1」、「5－2－3」)の、ポジショナルプレーに対する機能性を活用すること、その果実を活かし、可能な限り高い位置でプレッシングを仕掛け、攻撃することが求められる試合でした。その全てがうまくいった試合とはなりませんでしたが、森保監督はドイツ戦で効を奏した時限的なラッシュ戦略を準備していました。また、ポジショナルプレーで戦うチームの強みであると同時に泣きどころでもある、しかしサッカーというゲームをプレーするには考慮せざるを得ない要素を巧みに活用する用意も彼にはありました。結果として、その二つの戦略的な準備が日本に歴史的な勝利をもたらします。その顚末を考えてみましょう。

まず、「5－4－1」（「5－2－2－1」、「5－2－3」）の対ポジショナルプレーディフェンスについて。日本が試みたこのやり方は、既述の通り比較的メジャーな対抗戦術でした。スペイン戦後の報道でも出ていたとおり、鎌田大地の所属するフランクフルトが、ヨーロッパリーグでバルセロナを破った試合で採用されてもいましたし、そのずっと以前から、例えば2018年のワールドカップ・ロシア大会ではロベルト・マルティネスのベルギー代表やアダム・ナバウカのポーランド代表も同じメカニズムの「5－2－3」でディフェンスしていました。日本でも、特に同時期のJ2リーグでDFラインからビルドアップするポゼッション主体のチームに対する攻略法として少なからぬチームで採られていたものです。試合前気にかかったのは、日本では、カテゴリやチームのレベルが上がるにつれ、このオーガナイズは所期の機能を果たせないケースがかなりあったということでした。J1のチームや他ならぬ森保ジャパンで、ということですが、どのような機能不全が見られていたかというと、端的にいって、肝心の前線の五角形を簡単に崩してしまい、CFとシャドーの間から中央、ハーフスペースにパスを刺されて簡単に起点を作られたり、シャドーとDHが連携して動けずサイドを突破される、中央を割られる、ということが頻繁に起こっていたのです。こういった特殊な連動性を要求される動的な守備に日本サッカーがそもそも習熟していないという事情や、資金力のあるクラブや日本代表など攻撃面でクオリティの高い前線の選手を潤沢に起用できるチームでは、彼らの特徴を大部分消してしまうようなこういった守備を実践させるのが難しいといった問題があったと思われます。しかし、ワールドカップのグループステージ突破がかかったスペイン戦で「得意じゃないことはできません」など通らないのは森保監督も選手たちも百も承知なはず。実際の試合でも全員が感動的なまでにハードワークしていました。してはいましたが、日本の［5－3－2］守備、前線の五角形は、スペインの巧みなビルドアップの前に少しずつ解体されていく、その流れから先制点を許す、という前半になりました。

試合前の会見でもルイス・エンリケ監督が表明していたように、スペインは日本のハイプレスを警戒していました。最初のビルドアップでいきなりロングボールを蹴り、最前線からパワーをもってプレッシングを仕掛けようとした前田大然を牽制します。日本のプランも、最初の1分以内に明確なものが打ち出されています。ミドルゾーンで［5－2－3］のブロックを作り、スペインのボール保持が低い位置（スペイン陣内）であればシャドーをハーフスペースに絞らせて五角形を形成。スペインがボールを前進させてきたら、シャドーが徐々に外側に開いて［5－4－1］に近い形になる。ボールを持ってハーフスペースに位置する選手が日本陣内へのビルドアップの起点化しようとしているとみるや、そのサイドのシャドーがその選手の前に進出していきます。そこでスペインのボールを下げさせ、同時に五角形をミドルゾーンから押し出して、状況次第でミドルプレスからハイプレスに移行する、ハイプレスができなくても押し上げることができていれば、ビルドアップルートの間に選手を再配置しスペインにクリーンなビルドアップを許さない。

スペインはその仕掛けを受けながら、どこに穴がうまれるか冷静に観察しています。スペイン陣に五角形を押し出せた場合、日本のシャドー（鎌田、久保）はハーフスペースを縦方向に切りながらCFの前田と連携してスペインのGKと2CBからアンカーのブスケッにボールを入れられないようパスコースを切っていきます。2DH（守田、田中）はシャドーの後方にスペインのインサイドハーフ（ガビ、ペドリ）が入り込んでこないか監視しつつ、中央を閉塞したままCF＋シャドーの背後に押し出しスペースを消します。日本はスペイン陣内に守備網を押し出せるフェーズでは前後半通じこの形を徹底できていました。ただし、［4－3－3］に対し［5－2－3］という布陣を採っている関係上、5の両翼となるWBはスペインのWGを見ておかねばならず、SBにプレッシングをかけに出るわけにはいかないため、そこがフリーになってしまいます。スペインは日本のプレッシングのベクトルを確認し、SBから前進していきます。前半中にその局面が現れますが、日本はこのプレッシング構造でGKのウナイ・シモンにまでプレッシングを仕掛けていきますが、フリーになっているSBに結局ボールを逃がされ押し下げられていきます。

ここまで、前半開始後わずか1分で見えている両チームの狙い、お互いの狙いに対する対応、リアクションは、日本が後半立ち上がりに見せるラッシュ戦略に直接反映するので、注意して観ていただけると面白いと思います。

日本の［5－2－3］守備に対し、スペインはインサイドハーフのガビとペドリが鎌田や久保の前に下りてきてDHのような位置に立つ、入れ替わるようにブスケツがポジションを少し上げて日本の［5－4－1］の中盤のライン（4の部分）のちょうど視野内・視野外の境界に立つような工夫をしてきます。これは［5－4－1］、［5－2－3］を崩すためには効果的な手立てです。五角形の肝をなすシャドーとDHに「下りてくるガビ、ペドリと上がるブスケツのどちらを誰が見るか？」という問いかけになり、その問いへの日本側のリアクションを見ることで攻略の糸口を得られるからです。前半1分30秒のこのフェーズでは、日本のDH・シャドーが共にブスケツに目線を集中させてしまい、そこでフリーになったガビをよく見ていたCBパウ・トーレスが見事なパスを供給。ガビはニコ・ウィリアムスと連携して五角形を突破、クロスまで到達します。余談ですが、この試合の「裏話」として、「CBがインサイドハーフを摑みに行かなかったのでガビ、ペドリを自由にしてしまっていた。守田が谷口にガビを摑みに出てくれ、とコミュニケーションして谷口が前に出るようになり、スペインのプレーに打撃を与え勝利の礎になった」という守田による振り返りがあります。が、この開始わずか1分30秒のシーンで谷口はガビをずっと監視していますし、パウ・トーレスからのパスが放たれると同時にガビを消しに前に出て、首尾良くボールをカットしています。カットが甘くボールを再回収されてしまったのですが、この守備のやり方でCBがインサイドハーフを監視し消しに出るというのは最初からオーガナイズに織り込まれているはずで、谷口の行動はそれを示しています。守田の発言は出ているので、谷口へのコミュニケーションはあったものと思われますが、おそらく「前に出てガビを摑まえてくれ」というものではなく（最初からそうしているので）、この最初のチャレンジでしくじった谷口に「めげずに続けてくれ」という形で伝えたのではということに加え、これも守田が実際に証言していますが谷口のチェック含め、同サイドの守田自身や鎌田、長友の対応を総合的に整理・調整したことが大きかったのでしょう。いずれにしても、森保監督が促してきたピッチ内での自発的なコミュニケーションで状況に対応するという狙い、積み上げが良い形で発揮されたケースだといえます。ドイツ戦の前半やコスタリカ戦、このスペイン戦のいくつかの局面、クロアチア戦などで「自発性が期待通りにはうまく機能しなかった、生育しなかった」といえる面も大きく、ベスト8に届かなかった「敗因」のひとつともいえるわけですが、今後につながるような成功局面も多く見られていたわけです。この話し合いがピッチで行われたのは、彼らのサイドから失点した後ではありますが——。

スペインの先制点

スペインの先制点は11分でしたが、日本は9分を過ぎたあたりから2分近くにわたってスペインにポゼッションを許し、ボールを奪うどころか効果的な阻害も難しい、という流れからの失点でした。前半立ち上がりから効果を上げていたガビ、ブスケツ、ペドリの動きによるボールの引き出しを注視するあまり、前線守備の五角形が完全に崩れてしまって、シャドーが前に出られずほとんど横一線（「5－2－3」ではなく「5－4－1」）になっていました。ハーフスペースの入り口を閉められず、それに気づいたパウ・トーレスは中央とハーフスペースの間を横に動きながら日本のDFライン〜MFライン間に侵入するガビやニコ・ウィリアムスへ球出しできるコース、ベクトルを余裕を持って探り、ノープレッシャーで何度もパスを供給しています。そして自陣深く押し下げられ、中盤の選手どころかCFの前田までペナルティエリアまで下がるという状況を作られ、何のプレッシャーも受けない状態でハーフスペースを上がってきたアスピリクエタにアーリークロスを上げられ、板倉の背後に侵入して伊東とのミスマッチを活用したモラタにヘッドを決められてしまいます(この構図はクロアチア戦でも繰り返されます)。

スペインの中盤に気を取られてDFラインを自由にしてしまい、そこから状態の良いパスを出され、注意していたガビやペドリに仕事をされてしまう——この状況を打開するには、DFラインに、特にCBのロドリとトーレスにプレッシャーをかける必要がありますが、はいそうですね、とCBへのプレッシャーを強めるわけにもいきません。そもそも、前進してそこに圧力をかけてもボールを生かされてインサイドハーフに球出しされてしまうから五角形を解体して下がらざるを得なくなっているのです。けれども、下がったところで起こることは同じ——。

この状況に対する日本代表のリアクションは、最善とはいえないまでもなかなか落ち着いていて、うまいものでした。日本はボールの出どころに正直に圧をかけにいくのではなく、まず自分たちのDFラインをもっと上げる、というところから修正をはじめます。そして「5－4－1」の5と4の間のスペースを圧縮し、最前線の前田もそのブロックに引き入れます（「5－4－1」のブロックをコンパクトにまとめる）。そしてブロックをミドルゾーンまで押し上げ、その状態を確定させてからスペインDFラインへどうプレッシャーをかけ自由を奪うか模索を開始していました。中盤の選手とアタッカー（前田、鎌田、久保）がしきりに首を振って後方を確認しながらポジショニングを修正しているので、「DFラインがきちんと上げられているか、自分たちとの距離がきちんと狭められているか」を非常に気にしていることがわかります。これによって、前線の3枚がスペインのCBにプレッシングに出る準備が整いました。とはいえ、スペイン代表も相手をしっかりと見て自分たちの振る舞いを決めるチームです。「日本は失点に慌てることなく、オーガナイズを整理するという冷静なリアクションをみせている」と、即座に、そして互いに話し合うことなく（！）チームとして状況判断し、「ならば、このままボールをキープし、そこから彼らがプレッシングに出てきてオーガナイズを崩すタイミングを狙おう」というボール保持に移行しました。このスペインのポゼッションフェーズ中、日本は2回ほど彼らのパスをカットしましたが、カットしたボールがそのままスペインに回収されてしまったこともあり、12分40秒前後か16分30秒まで、実に4分間にわたりボール保持を許すことになります。その間、全く崩されていなければ問題なかったのですが、「しっかりオーガナイズを整理」と「そこからプレスに出て行く」との間の状況判断が甘く、「出てくること」を待っているスペインの術中にはまってしまい整理した陣形を何度もバラバラにされてしまいました。その状態からでもブロックをしっかり再形成できていたためこの時間帯は連続失点の危機を遠ざけることができましたが、引き続きスペインにボール保持を許し、そこからモメンタムを回復できないまま二度三度と危険な形でボックス侵入を許しています。守り切れたともいえますし、チャンスメイク能力に比したスペインの決定力の低さに助けられたともいえますが、「オーガナイズの再整理」以外、戦局を好転させる「自発的なソリューションの創出」が前半通じてできていたとはいえない状況でした。そんな中でも、スペイン陣にボールを下げさせた時には、80％以上ボールを握られ守備で走り回らされているにもかかわらずしっかりと自分たちの陣形を押し上げ、スペインの再ビルドアップにプレッシングをかけられていたことは、良いアクションでした。それでもSB（アスピリクエタ、バルデ）に効果的なプレッシングをかけられずにいた事実は気になるところでしたが、これ自体意図してなのか結果的にそうなっただけなのかわかりませんが、後半に炸裂したラッシュ戦略の伏線、撒き餌にとにかくなっていたので、追加点を阻止できたことを筆頭に総合的には良い対応ができたといえるでしょう。ただ、そのいずれもが「戦略に基づいてこの試合のために準備してきたこと」に拠るのはドイツ戦の前半、そして東京五輪と同様の課題——委任と自発性の促しが思うような肉付けになっておらず、大枠の戦略、プランニング依存でゲームを進めている——が、ここでも出ているともいえるし、（森保監督の続投＝委任戦術路線継続も決まったことですし）伸びしろともいえるのかもしれません。

後半に向けて

前半は実に80％以上のボール保持をスペインに許しながらも1失点でまとめられたのは、それ自体はポジティブでした。とはいえ、ドイツと異なり、「最少得点でも、無理をせずボールを保持し続ける」ことによって「時間」を味方に付け、安全に試合を終わらせるという方向でポジショナルプレーのもたらす混沌に適応した安定性、復原性を活用するのはスペイン代表の戦略でもあります。つまり、日本はこのままボールを安全に保持されて試合終了まで持ち込まれる可能性がありました。加えて、初戦でコスタリカから大量得点を奪っているスペインはグループステージ突破にこれ以上の得点は必要ない、というのも日本にとって望ましくない事態でした。同時に行われているドイツ代表とコスタリカ代表の結果に関わらず、スペイン戦の敗北はグループステージ敗退とイコールだったからです。

よって、日本代表は何としても、「時間」と結びついたスペインの戦略をどこかで破壊する策を打ち出さねばなりませんでした。

森保監督が繰り出した一手はドイツ戦以上に世界を驚かせるものとなりましたが、本書が振り返ってきたプロセス――彼がサンフレッチェ広島時代から何をしてきたか、どんなタイプの監督なのか、日本代表監督就任後、どのような戦略をもってカタール本戦に辿り着いたのか、ワールドカップに向け目論まれてきたもののうち、何がどれだけ達成できていたのか、できていなかったのか――そういった観点から検分すると、彼がスペインのクオリティ、戦略のどこを突けば勝利の可能性を高められると考えていたのかみえてきます。

後半――森保ラッシュ戦略、再び

ドイツ戦と同じく、森保監督は後半開始から動きました。ですが、その打ち手の内容、効果はドイツ戦とは全く違っていたといっていいでしょう。ドイツ戦で勝利を引き寄せた主要因は同じく時間帯を区切ったラッシュ戦略の成就にありましたが、既に述べたように後半開始直後の3バックへのチェンジはフルマッチアップからのミスマッチ創出という、オープンゲームに持ち込むことで0：10の戦況を2：8に持っていくというようなもので、むしろドイツの方がオープンゲーム化を活用し、前半を上回るビッグチャンスを複数得ていました。ドイツを混乱させたのは試合が終盤に差し掛かっていく時間帯での堂安・南野の連続投入による極めて短時間で行われた2回のシステムチェンジでした。

スペイン戦はそうではなく、後半開始時の打ち手が全てでした。しかもその全ては後半開始からわずか3分の間に起こり、スペインが状況を把握して対応するいとまを与えず次の3分で逆転に持ち込んでしまうのです。後半開始たった6分の間に、何が起きていたのでしょうか。前半の思わしくない状況に伏線がありました。

日本代表はボール保持時［3－4－2－1］、ボール非保持時［5－4－1］(［5－2－3］)の形で前半を戦っていましたが、二つの問題を抱えていました。［5－2－3］での守備時、シャドーがなかなか前に出られず、スペインが使いたいハーフスペースの入り口を閉じることができずに自由なビルドアップを許していたのがひとつ。もうひとつは、採用しているシステムの構造上、スペインのSBにプレッシングに行きづらい格好になっており、折角前進してスペイン陣でプレッシングを仕掛け主導権を奪おうと思っても、オープンになっているSBにボールを逃がされてそこからクリーンなビルドアップを許してしまうという問題でした。シャドーがSBをみる、という修正を前半のうちに行いましたが、すると本来シャドーがプレッシングに行かねばならないCB、CBとアンカーの間のパスコース圧迫が難しくなります。双方のタスクをバランス良くこなそうとしても、日本のタスク偏向を察知したスペインがビルドアップ時のCB・SB間の距離を大きく取るように修正。局面によってはCBにもSBにもプレッシャーがかけられないという最悪の状況に持ち込まれていました。

［4－3－3］と［5－2－3］のマッチアップを考えると、スペイン中央の3枚――2CB＋アンカーを数的同数で見るにはCFと2シャドーを全てここに投入するしかありません。2DHはスペインの2枚のインサイドハーフを見ないといけませんから、スペインのSBはどうしてもフリーになってしまいます。［5－2－3］を崩さずにここに圧力をかけるには、思い切ってWBを上げてSBに当てるしかありません。けれども、WBはスペインのWGを見なければならないのです。WBがSBにプレッシングをかけるということは、スペインの攻撃の核を担うWGをフリーにしなければならないことを意味していまし

た。スペインに完全にボールを握られている戦況を考えるまでもなく、これは極めてリスクの高い選択になります。

ですが、既に先制され、このままではグループステージ敗退となる日本はそのリスクを払わねばならない状況です。しかも、ボールを安定的に確保してポゼッションし続ける契機をスペインに与えてはなりませんでした。前述の通り、そのまま時間を費やされる戦略的リスクがあるからです。

そう考えると、森保監督が打つべき手は一つしかなかったことがみえてきます。

スペインが安全にボールを保持し「時間を味方に付ける」猶予を与えず、その間にWBにWGを放置させSBに激しいプレッシャーをかけ、サイドを制圧する。そのプレッシャーがかけられれば、シャドー（インサイドWG）を内側に絞らせ、アンカーシステムを採っているスペインが恒常的に空けることを甘受している、いわゆるアンカー脇のスペースを急襲できる――。この打ち手は、ドイツ戦のそれよりも遥かにギャンブルでした。何よりもまず、いつ仕掛けるのかという問題があります。さらに前半でも圧倒的に披露されたスペインのカウンタープレス、ボール回収能力の高さを考えると、仕掛ける時間帯を確定できても実際に日本がボールを確保して使える時間は長くない、と見込めます。WBでSBにプレッシャーをかけ、ビルドアップの逃げ場を奪いそのままハードなハイプレスをかけ続ければ、スペイン陣でのボール争奪戦に持ち込み、打ち手の効果持続時間を引き延ばせるかもしれません。それも長時間は難しいでしょう。ですが、それは仕掛けてからの話。とにかく、いつ仕掛けるか。

難しい決断ではありますが、事実上一択だったでしょう。前半はスペインのキックオフで始まりました。つまり、後半は日本のキックオフで始めることができる。つまり、スペインのカウンタープレスの有無にかかわらず、日本がボールを保持した状態で始めることができる。WBを高い位置に上げてラッシュをかけるには、この瞬間——後半開始直後しかない。そこが定まれば、あとは「やるだけ」です。

森保監督は、久保に代えて堂安律を、長友に代えて三笘薫を、それぞれ交代前と同じポジション（シャドー、WB）で送り出します。違うのは、スタートポジションでした。堂安は鎌田と共に最初からスペインのアンカー脇に根を下ろします。そして伊東・三笘の両WBは、堂安たちと同じくらい高い位置にポジショニング。自分たちのキックオフでボールを確保すると、［3-2-4-1］のような形で攻勢をかけます。ボールは落ち着かず、双方を行ったり来たりしますが、マイボールから全てを始めているという勢いを日本は2分強維持します。そして後半2分30秒前後、前半と同じ構造のプレッシングを仕掛ける局面が現れました。スペインは日本の前線3枚が中央から外側に圧をかけてくるのを確認し、前半と同様、SBに、まず右のカルバハル（後半開始からアスピリクエタと交代）にボールを逃がそうとします。ところが前半と異なり、WBの三笘が猛然とカルバハルにプレッシングをかけます。しかしここは成らず、スペインはGKウナイ・シモンにボールを戻すことに成功。シモンから、今度は確実にオープンになっているはずの逆サイド（左）SBのバルデに正確なパントパス（浮き球のキック）を送ります。このパスをシモンがグラウンダーではなくパントにしたのは、彼の人間離れした冷静さを示すものです。前半の似たシチュエーションと同じく彼には前田がすさまじい勢いでプレッシャーをかけてきており、さらに近いところにいるパウ・トーレスとの間にはやはり矢のような素早さで堂安がコースを消しに走り込んできていました。そのずっと奥、左サイドのバルデはこの時点ではフリーですが、グラウンダーでは堂安に引っかけられる可能性があります。だから、シモンはパントキックを選んだのでした。これは、ボールを思い切りピッチの外に蹴り出してしまう以外では彼が選べる最良の選択肢だったといえます。この複雑なプレッシャー下でこれほど的確な判断を下《くだ》せ、しかも正確なパスを送る。敵ながら、震えがくるほどの名プレーだったと思います。

しかし、スペインを救うはずの「パントキック」という「的確な判断」が、逆に日本を救うことになりました。

グラウンダーの速いボールであれば間に合わなかったであろう伊東が、山なりであるがゆえにわずかに遅くバルデに届いたこのパス、わずかに遅れたバルデのトラップに追いつき、値千金のデュエルを仕掛けることに成功したのです。こぼれたボールは堂安の足下に転がり、彼はその勢いのまま対面のペドリを出し抜くと何の迷いもなく足を振り抜き、すさまじい勢いのミドルシュートをゴールに突き刺しました。ウナイ・シモンはこの意想外の鉄火場でも異様な冷静さを維持しており、堂安のミドルシュートをコースごと読み切って飛んで手を触れましたが、ボールの勢いが勝ちました。

スペインからボールを取り上げて、彼らがそのポゼッションで消費可能な「時間」をも奪い、自分たちがラッシュをかける猶予を得る、その間に最低でも追いつくんだ、それはマイボールキックオフの後半立ち上がりしかない、という意図はおそらく選手たちにも何らかの形で伝わっていたのでしょう。日本はここを先途とWBを2枚とも爆上げの攻勢を続け、自陣からのロングキックを高い位置で引き取った伊東から堂安、堂安から逆サイドへのグラウンダークロス、これをやはり高い位置に上がっていた逆サイドの三笘がギリギリのところをものにした折り返しを、DHの田中がゴールに流し込み、後半開始からわずか6分、同点ゴールからたったの3分で逆転に成功してしまいます。この6分間、試合通じておそらく本当にこの6分間だけと思われますが、敵将ルイス・エンリケが語ったようにスペイン代表はこの時間帯明らかにパニックに陥っていました。ドイツ戦同様、「混沌を誘発する」戦略が功を奏した6分間だったといえるでしょう。

ルイス・エンリケとの駆け引き。スペインの「時間」を奪った日本

逆転後数分の間、日本はラッシュを継続しようというかまえを見せます。ですが、そこはさすがはスペイン代表といったところ、あっという間にパニックから立ち直り、どう共通認識を得たものか日本が何をしているのかを明らかに把握し、こちらもわずかな時間でボールキープの安定性を取り戻しました。それを見て取った日本は（ここが「後半開始直後限定の時限的ラッシュ戦略だったのでは？」と推測できるところですが）、スッと引いて前半と同じ［5－4－1］（［5－2－3］）のミドルブロックに移行。以後、日本のWBが後半立ち上がりのような高い位置からのプレッシングに出ることは試合中二度とありませんで

した。

スペインから見ると、日本のWBは前半から穴でした。特に本職ではない伊東のサイド、エリア、守備の個人技術が行き届かないところを彼らは集中して攻め、チャンスをいくつも作っています。最終的にモラタの得点シーンにつながった攻撃も、伊東サイドへの攻勢からはじまっています。この狙いはスペインにとって攻撃、チャンスメイクだけではなく日本の武器である伊東を低い位置に押し込めたままにしておき脅威度を可能な限り下げるという意味もありました。それゆえ、電光石火の逆転劇から即時立ち直り改めて日本攻略を志向するフェーズで、ルイス・エンリケはWBに再度焦点を定めます。日本側は、スペインが立ち直ったとみるやミドルブロックからローブロックの撤退守備、チャンスがあればそこからカウンター、という風に完全に割り切っていました。加えて、森保監督はおそらく「時間を味方に付ける」戦略に移行し始めていたと思われます。

前半から日本に逆転されるまでは、それはスペインの戦略でした。彼らはボールを保持することが、しかも意図通りに保持することができます。それは、「自分たちがボールを持っている時間は、相手は何もできない」「「相手が何もできない時間」は、自分たちが主導権を握ってどこまでも延ばせる」ことを意味しています。スペインにとって、ボールを握ることは時間を握ることと同義なのです。

彼らの攻撃の仕方もまた、その戦略の核心をなしています。決して攻め急がず、DFラインからビルドアップする。「集まることも散開することも何でもできる」陣形を維持しながら、時間をかけて敵ゴールに迫っていきます。時間をかけ、陣形を維持して進むからこそ、ボールを失っても効果的なカウンタープレスを集団で仕掛けることができ、奪い返すことができる。そして、何度でも時間を握り直すことができるわけです。サッカーが90分という制限時間のあるボールゲームである以上、時間を自由に扱える、相手から時間を奪う、奪い返す主体的な手段をもっていることはそのまま極めて大きな武器になるのです。

しかし、一旦相手にリードを許してしまうと、「時間を握れる、使えること」がそのまま裏返され、弱点に変わってしまう。彼らは前進するにも、攻撃するにも、ボールを安全に保持するにも奪い返すにも、時間がかかる方法しか有していないからです。ある条件下では絶対的といえるほどの戦略的優位性が、それゆえ前提条件が変われば、そのまま弱点となってしまうわけです。森保監督は、その弱点を戦略的に利用しようとしていたことは間違いありません。では、どのようにして?

広島時代にしばしば実践したように、「5-4-1」でゴール前に人の海を築いて相手につけいる隙を与えない、というのがひとつ。これは既にスペイン戦のピッチでも施行しています。もうひとつは、「スペインに無駄にカードを切らせる」こと。そのことで「彼らに残された貴重な時間を無駄にさせる」こと、です。その焦点となるのが、他ならぬルイス・エンリケが再度狙い撃ちを考えていた「ＷＢ」でした。

日本としては、「逃げ切り」を計る上では危うい右ＷＢをいつ守備重視の要員に交代させるか、様々な理由から決断が難しいところでした。１ｓｔチョイスの酒井宏樹は怪我のため出場はできず、一体感のためにベンチ入りをしている状況でした。残るカードは冨安健洋。本来はこの代表の１ｓｔチョイスのＣＢですが、所属クラブのアーセナルでは右ＳＢで活躍しており、クオリティには全く問題はありません。ですが彼も怪我のリスクを抱えた状態でした。あまり早い時間帯に投入すると、怪我が再発する危険がある上、スペインは日本の右サイドへさらなる圧力を加えるためのカードを残しているため、日本の交代を待ってオプションをじっくり検討する猶予を与えてしまう可能性もありました。森保監督としては、できるだけ時間を引っ張り、スペインに先にカードを切らせ、そのうえで冨安を投入してそのカードをブロックしてしまい時間を無駄にさせる、のが、彼らから選択肢も時間も奪ってしまう最上の方法でもありました。

果たして、ルイス・エンリケは先に動きました。右サイド（日本左）にアンス・ファティを、左サイド（日本右）に超攻撃的SBの草分けともいえるベテランであり切り札でもある、ジョルディ・アルバを投入。ほとんど間を置かず、森保監督は冨安を送り込みます。冨安は期待通りアルバを完封し、スペインが攻略の要路とみていた右サイドを塞いでしまい、ルイス・エンリケの差配を「ただ時間を使ってしまった」状態に追い込みます。その後、スペインは日本の左サイドから辛抱強くチャンスメイクしますが、日本の期待通り、その試行錯誤、攻撃の構築ひとつひとつで時間を費消してしまい、状況を動かすことができないまま試合終了のホイッスルを聴くことになります。

スペイン戦の「嵐を呼んだ6分間」も、森保監督が戦略的に積み上げてきた「デュエル、インテンシティ、ミドルプレス、ハイプレス」がその成就を底支えしていたのは明らかです。スペインの「時間を使うやり方」を的確なタイミングで戦略的に逆手に取り、彼らにネガティブな形で時間を使わせる采配含め、ドイツ戦同様、スペイン戦もまた、森保監督の戦略家としての力量、積み上げてきたものが十二分に発揮された一戦だったといえるでしょう。

〈クロアチア代表戦〉

W杯

決勝トーナメント1回戦

2022年12月6日

アル・ジャヌーブ・スタジアム（カタール）

日本―クロアチア
1－1（1PK3）

前田　*43′*

ペリシッチ　*55′*

クロアチア代表分析

クロアチアは前回ロシア大会の準優勝国。今大会も日本代表を破った後、ブラジル代表相手に「個々の輝き」といった点では及ばずともグループとしてはむしろ互角以上の戦いを見せ準決勝に進出。大会最大のサプライズとなった堅守モロッコを2－1で破り、見事3位に輝きました。

グループステージから、その戦い・特徴は一貫しています。派手さはなくとも確かな個々の技術、個性を活かしながら粘り強く戦う。どんな戦況でも慌てることのない安定したチームメンタリティも印象的です。誰の目にもとりわけ目立つのは、チーム全体で示す高い走力でしょう。前回大会も今回大会も、とにかくよく走る、試合開始から試合終了までチーム全員が走り抜いてボールを追う。そのうえ、延長戦を経て疲労困憊しているはずのPK戦も確実にモノにする。

実は、クロアチアの走力については様々な興味深いデータがあります。本書執筆時点で今大会のFIFA公式のテクニカルレポートはまだ出ていませんが、前回ロシア大会のレポートその他のソースを参照してみると、このチームの真の姿が見えてきます。

まず、チーム全体の平均走行距離について。ロシア大会では、チームの平均走行距離は全32チーム中（以下同じ）、20位。ボール保持時では10位。ボール非保持時では28位。この時点で既に「印象」との乖離がかなりあります。「走って」はいない。

次に、選手個別の平均走行距離について。出場全選手の中で、クロアチアの選手ではブロゾビッチが17位。ボール保持時では、ピアツァが21位、クラマリッチが27位。非保持時では、上位30位の中にクロアチア選手は1人も入っていません。累積の走行距離ではペリシッチとラキティッチ、モドリッチがベスト3を占めこれは「印象」と合致しますが、ベスト4以上のチームは大会中最多の7試合を戦っているので順位としてはある意味当然です。ただし、チーム全体の試合毎の走行距離については、この大会のクロアチアは決勝トーナメントに入ってから準決勝まで右肩上がりに増えています（準決勝のイングランド戦まで3試合全てが延長戦込）。

これはサッカーならではの面白い現象といえそうです。カタール大会ではまた異なるデータが出てくる可能性がありますが、ロシア大会と合わせ、実際の試合を個々の文脈に沿って検分すると、彼らはただ走っているのではなく、極めて賢く効率的に走っているといえます。効率的に、といってしまうと彼らの「よく走る」という印象との整合性があまりにつかないように見えるかもしれませんが、次のように言い換えれば「印象」とデータ、実際のプレーの流れの検分が一致するのではないでしょうか。

個人としてもグループとしても、個々の状況、流動的・連続的に変化し続ける状況にコミットする力が非常に高い。状況に的確にコミットする回数が多い＝千差万別の状況に追従可能な、的確なスプリントを常に行う＝その様子を頻繁に目にする。そして、走りの質だけではなく量を求められる戦局ではためらいなく走りきるし、そのようなプレーを求められるポジション（中盤のキープレイヤー）の選手は特にそうである。それゆえ、チームとしても個人としても「すごくよく走っている」ように見える。

最終的に出てくる「数字」がどうあれ、チームとしてのこの特徴、長所はカタール大会のクロアチア代表もほとんど同じといってもいいでしょう。

こういった、様々な局面に効果的にコミットする個の、グループの能力の高さは、ポジショナルプレーとはまた違った形で、サッカーというゲームが生み出す混沌への適応力をクロアチア代表に与えています。彼らの試合を観ると、見た目上の「陣形」や「ポジショニングバランス」といった点では決して整然とした状態を維持して戦っているわけではないことが目に付くと思います。その様子は、むしろ均衡を崩している、サッカーというゲームにおいては危険な状況を放置している、というふうにすら見えるでしょう。けれども、何かが起きた次の瞬間には、彼らはその状況に対応可能な行動を即座に起こして事態を活用し、収拾してしまいます。その様は、ポジショナルプレーが「立ち位置」を基準にしてスペースとタスクの配分を行い（混沌への連続的適応の前提条件となる）均衡状態を手にしようとしているのに対し、「状況への個々のコミット能力」「コミット可能な範囲」を基準に同じ配分を行っているようです。前者はピッチの物理的要件から定義可能な静的概念である「立ち位置」に基礎を置くため視覚的にも端的明瞭ですが、後者はそれ自体が動的な（ピッチを常に移動している）「個々の能力」に足場を築いているため、見た目上は時に無秩序に感じられる、と換言することも可能でしょう。ですが、どちらも「何かが起きた時、その状況にアプローチ可能な者がまず行動を起こせ」「行動の内容は、起きた事象の性質によって決まるから、的確に認識し判断して正しい行動を選択しろ」という意味では、求められるものは本質的に同じです。

クロアチア代表はこういった特徴を活かし、相手がどのようなフォーメーション、やり方であってもマッチアップのズレをすぐに修正し、ミスマッチを起こさないように戦うことができますし、ミスマッチが起きても次のフェーズ、その次のフェーズで埋め合わせがきくようにプレーすることができます。ポジショナルプレーが、その最先端において「動的ポジショナルプレー」というべきものに刷新されつつある現在、混沌への適応戦略は一統されつつあるのかもしれません。

いわば、選手全員が、そしてチーム自体が「正しいときに正しく走り、正しくプレーする」クロアチア代表。日本代表との戦いでも、そういった彼らのプレースタイルは存分に発揮され、日本は120分間通じて苦しめられました。

前半——変幻自在のクロアチア、食らいつく日本

クロアチア代表は［4－3－3］。中盤のインサイドハーフ（モドリッチ、コバチッチ）とアンカー（ブロゾビッチ）＋CBのロブレンとグヴァルディオルの強力な中央ユニットを、前線3枚、ワイド2枚（SB）のハードワーカーが支えます。日本代表は、スペイン戦と同じ［5－4－1］（［5－2－3］）の布陣を採用しました（図6－6）。伊東純也は引き続き右WBに入り、右のシャドー（インサイドWG）には堂安が起用されています。クロアチアはポジショナルプレーを明示的に採用しているチームではありませんが、同様に攻守にわたってピッチを的確にカバーして戦うプレースタイルをもつクロアチアに対応するにはこの布陣が適切と判断されたものと思われます。ただ、この試合の日本はスペイン戦よりも

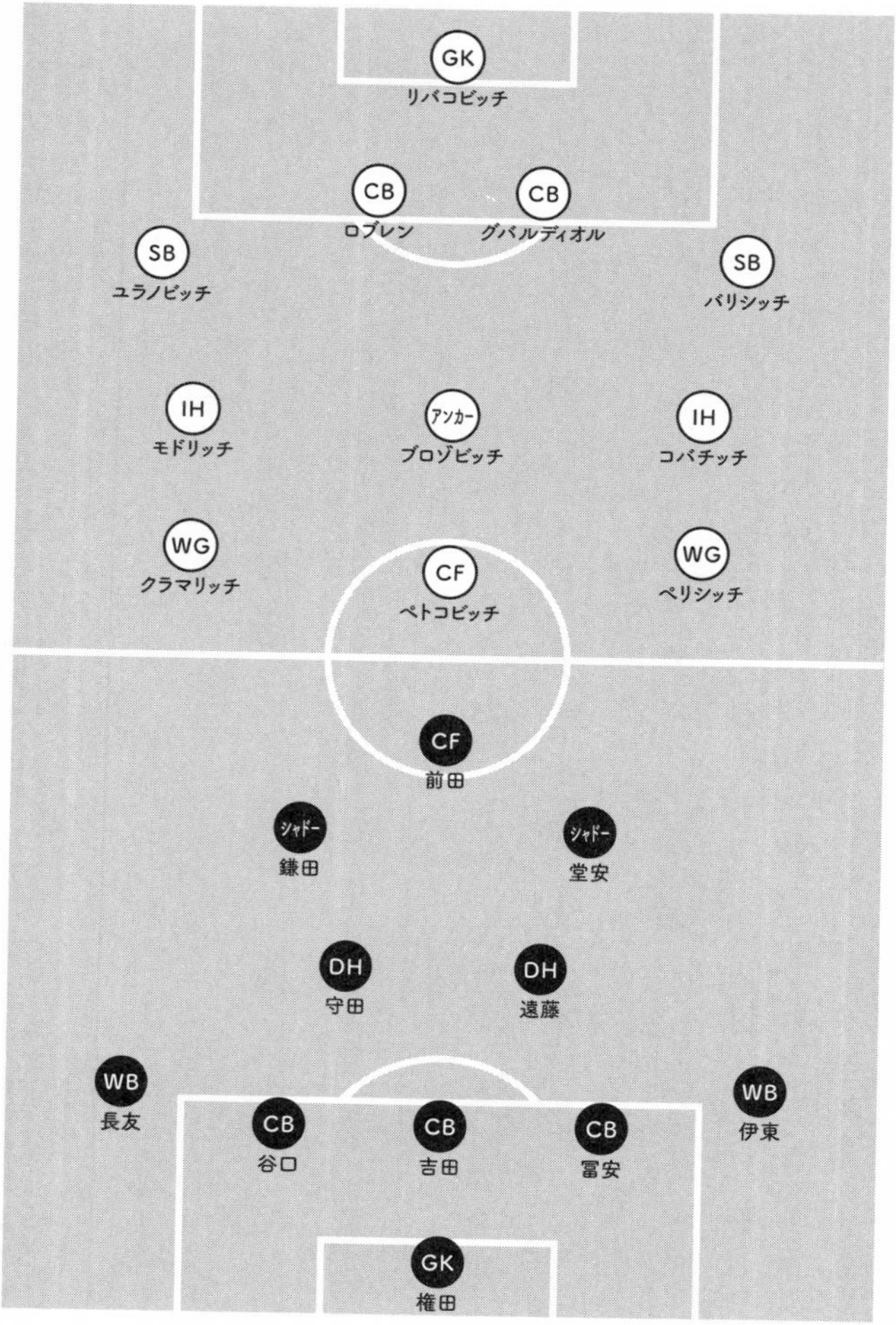

図6－6　クロアチア代表戦初期フォーメーション

積極的に前に出て、できるだけＷＢ（伊東）を上げ、全体的にもエリアを上げてプレーしようという意志を見せています。

対してクロアチアは「状況へのコミット力」の高さを前面に押し出す普段通りのプレーでこの試合に臨みつつ、いくつかの狙いを試合開始当初から見せていきます。「日本に対し、身長・体格で上回れるポジションが複数ある」というのが彼らの優位性の一つでしたが、本職ではないＷＢ（伊東）のサイドに長身のアタッカー（ペリシッチ、ペトコビッチ）を当てて日本の左サイドから右ファーサイド（右ＷＢ狙い）へのクロスを上げてミスマッチを起こす意図は明確でした。インサイドハーフのモドリッチ、コバチッチはどちらも相手最終ラインの外側にできるギャップ――４バックならＣＢとＳＢの間やＳＢの外側、３バックならＣＢとＷＢの間やその外側を、コンビネーションを交えながら突破して裏を突くことに長けており、彼らのそういったアクションからのクロス供給は警戒すべきものでした。日本は伊東サイドに冨安を置き、逆サイドからのクロスにも、直接伊東を狙われるケースに対しても、また伊東が高い位置に上がった後の裏のケアに対してもサポートできるよう「人をそこに配する」という意味では準備していました。後述しますが、クロアチアは日本の準備を、プレーを進める中でひとつひとつ確認しつつ、そういった「近場の対処」では対応しづらいアプローチを試合中に仕掛け、同点に追いつくことに成功します。

クロアチアはゲーム戦略にも長けていました。彼らは試合開始から、日本にモメンタムを与えないようボールを支配して彼らのリズムで試合を進めます。DHの守田が試合前「彼らのプレー選択は読み切れない」と漏らしたモドリッチ、コバチッチ、ブロゾビッチの中盤はポジションバランスを時に崩すことも厭わず自由自在に動き、マーカーの守田、遠藤の監視を逃れながら日本のCB~WB間を狙ってきます。もちろん、日本はこの動きを警戒していました。モドリッチが頻繁に現れる左サイドでは長友・守田・鎌田で、右サイドでは伊東・遠藤・堂安で形成され、それぞれ同サイドのCBのカバーで支援された守備網の内側に彼らを引き込んで数的優位を活かしボールを奪ってカウンターをする準備をしていましたが、彼らを効果的に摑まえられず、早い時間帯からDFライン裏に侵入されていました。侵入を阻止できても、ブロゾビッチ、時にはコバチッチが効果的にサポートに入って日本のカウンターやボール奪取の芽を摘み、セカンドボールを回収し、日本にリズムを与えません。また、ポジショナルプレー的なこだわりのない彼らは、グラウンダーのパスと3人の中盤の機動性を活かしながらも巧みにロングボールでの裏狙い、裏を狙うと見せかけてDFラインの前に出たFWに当ててセカンドボールを回収して陣地を進める、など様々なパターンを織り交ぜ、守備の狙いを定めにくい状況に日本を追い込んでいきます。

メカニズムが明確なスペインやドイツとはまた異なるボール保持からのゲーム支配に守備の的を絞らせてもらえない日本代表は、徐々に前向きのモメンタムを失って後退していきます。それでも、前半11分30秒前後にクロアチアの攻撃を防ぎ、カウンタープレスを回避してボールをDFライン〜DHの間で落ち着かせ時間を作ると、コバチッチの外側に流れた鎌田を起点に、「4-1-4-1」で守るクロアチアのアンカー脇に侵入した堂安が鎌田のパスを引き取って、高い位置に上がる時間をもらった伊東の突破を演出。GKとDFラインの間に送られた伊東のグラウンダークロスに対し、前田と堂安がスイッチする形で前田ニア、堂安中央、大外から長友、という理想的なシーンを作ります。日本の選手たちの判断力が生きたシーンでしたし、クロアチアの数少ない弱みをうまく突けた攻撃でもありました。個々の選手の状況へのコミット力、コミットできる範囲の広さをベースに攻守を組み立てるクロアチアのやり方は、既述の通りマッチアップのズレにも対応しやすく様々な事態への追従を可能にしていますが、その要諦は基本的に、発生した状況における相手ボールホルダーにパスコースを切りながら素早く寄せ、可能であれば体を当てる、パスの受け手を素早く特定しプレッシャーをかけて関係性を断ち切る、というものです。ここの判断（状況に関与する選手の相手ボールホルダーとの位置関係やパスが出されそうな方向、受け手の位置のサーチ）が彼らは非常に勤勉で認知も実施も素早いのですが、「発生した状況」自体へのアクションが速いということは、「その次の状況」を起こす、つなげるスピード次第では彼らのそのアクションを置き去りにしやすいということを意味してもいます。具体的には、ワンタッチプレーやダイレクトプレーを2回以上成功させて前進できれば、クロアチアといえど追従が難しくなるということですが、11分30秒前後からのこのシーンは、まさにそういう素早い状況の展開を実現できたものでした。ワンタッチプレーの得意な鎌田、思い切りのいいプレーを素早く決断できる堂安、ハイスピードで裏を狙える伊東の組み合わせが狙い通りに機能したシーンともいえます。日本はこういうシチュエーションをできるだけ多く作りたいところでした。

戦略的・戦術的にロックされながらも先制点をあげる

ですが、日本のこのチャンスメイクの後、クロアチアはより慎重にDFラインでボールを保持し、CFの前田まで含めた形で守備ブロックごと日本を自陣に押し込んでプレーするようになります。ハーフコートに日本の選手を閉じ込めるとともに、自分たちもそこに入り込んで狭い範囲で日本の選手一人一人をマークできるような体裁を整えてきたのです。自陣から出ようとする日本は自陣側のミドルゾーンからミドルプレスを仕掛けて前進しようとしますが、そうするとクロアチアのＤＦラインはロングボールを日本ＤＦブロックの裏めがけ蹴り込んできます。前線の選手もチームとしての状況判断を共有しており、そのボールを受けられるアクションを繰り返すので（そのうちのひとつは、ＧＫと1対1の決定機になりかねないプレーでした）、日本は思うような形での自陣脱出も難しくなり、クロアチアのコミットをスキップするようなプレーが非常にやりづらい状況におかれました。そして、その守備網をそれでもスキップしてアンカー脇に入ってくるボールと選手に対してはＣＢが出て厳しく潰す。17分40秒のグバルディオルの堂安への潰しはファウルになりましたが、日本の可能性を戦術的に奪う見事なプレーでした。グバルディオルは現在世界中で最も将来を嘱望される若手ＣＢのひとりですが、試合を通じて、アンカー脇を使う、ＤＦライン裏を狙う、サイドで空いたスペースを使う等々、クロアチアＤＦラインをブレイクしようとする日本の数々の試みを完璧に封じ込めていきます。

この段階で既に日本は戦略的にも戦術的にもロックされてしまっている、という戦況でした。それでも失点せず耐えただけでなく、クロアチアのセットプレー崩れからのロングカウンターで得た前進の機会を簡単に手放さず、クロアチア陣で過ごす時間帯を作ることができたのは、今大会の日本代表がこれまでとは異なるレベル、チームとしての強度に到達していることを感じさせました。そこから得たコーナーキックの2つ目で巧みなデザインプレーを繰り出し、先制に成功したからです。

後半——クロアチアの柔軟性にケアされた「森保ラッシュ」

先制した日本代表ですが、全体としてはイニシアチブを奪われている内容で、クロアチアのゲームになっています。日本としては、今大会での強みである戦略面にも、また戦術面にも鍵をかけてくるようなクロアチアのチームプレーをどうにかして壊す必要がありました。

スペイン戦と同様、後半は日本ボールのキックオフ。森保監督は、やはりここで仕掛けて——いや、仕掛けようとしました。いきなりロングボールでクロアチア陣に侵入し、スペイン戦同様後半開始と同時にラッシュをかけようとしたのです。鎌田のミドルシュートが枠を外してラッシュの1ｓｔフェーズは終わりましたが、可能性を感じさせる入りでした。ところが、ボールを回復したクロアチアは日本がラッシュにつながるプレッシングを仕掛けようとする間も与えず、ためらいなく日本陣にお返しのロングボールを放り込み、前半と同じような戦況を作為しました。その後日本も2回切り返してクロアチアゴールに迫りますが、スペイン戦のようなモメンタムを生み出すことはできず、二度、三度とスピードアップしづらい形で自陣に押し込まれてクロアチアにコントロールされる戦況に持ち込まれていきます。そして、その流れからペリシッチに同点ゴールを決められてしまうのです。

ペリシッチの同点ゴールに詰め込まれた「戦術的不備」

まず、この同点ゴールは直接的には、クロアチアが試合開始直後からうかがい続けてきた、「本職ではないWBの伊東のエリアにクロスを入れ、上背と体格で上回るアタッカー（ペリシッチかペトコビッチ）を競らせてチャンスメイクする」という狙いがキレイに決まったものでした（ここで伊東と競って決めたのはペリシッチ）。問題は、「ペリシッチへのクロスを上げたのは誰か、場所はどこか」という点です。クロスを上げたのはCBのロブレンでした。そして、ロブレンがクロスを放ったのは日本陣内ミドルゾーンのハーフスペース。日本は完全に自陣側ミドルゾーンからゴール前に押し込まれているので、実質的にここが

「ハーフスペースの入り口」でした。ロブレンはこの場所で完全にフリーになっています。

日本のシステムは［5－4－1］で、CFの前田大然を頂点に［5－2－3］の形に変化し、前田の後方に位置するシャドー（インサイドWG）の堂安と鎌田がハーフスペースの入り口を閉め、DH（遠藤、守田）が彼らの後方をカバーし、中央とハーフスペースを同時に固める五角形を形成できるようになっています。ですが、［5－2－3］の形を取るのはミドルゾーンでのブロック守備（ミドルブロック）から敵陣方向に守備陣形が前進可能な場合で、押し込まれた場合にはシャドーが下がってDHの横に並ぶ［5－4－1］に変化します。このシーンは自陣に押し込まれているので［5－4－1］を形成していて、鎌田と長友はWG（クラマリッチ）とSB（ユラノビッチ）をマークします。クラマリッチとユラノビッチは縦方向にスイッチするケースも多いので、鎌田と長友もそれに合わせてマーク相手をスイッチします。守田は中央のエリアを守りつつ、対面となるインサイドハーフ（モドリッチかコバチッチ）を監視します。

まず、これらの役回りには曖昧なところがありました。ドイツ戦でも3バック（［5－4－1］）に変えた後半、ドイツに顕著に利用されていたのですが、サイドでマークについた選手がマーク相手にどこまで付くか、カバーの選手がどう振る舞うのかが明確になっていないのです。これで何が起こるかというと、サイドで付いたマーク相手がドリブルで内側に切り込んできた場合、サイドの選手がそのまま付いていくと外側でSBが孤立してしまう、DHがマークを受け渡されて付いていくとハーフスペースから中央にかけての危険なエリアにフリースペースができてしまう。そこに入ってくる選手を誰がどう見るのか決まり事がない、そうならないように［5－4－1］のサイドの守備をどうローテーションさせるか、も決まっていないため、サイドからの切れ込みにアタックを連動された場合は、非常に脆弱で危険なケースになっていたのです（ドイツにはそこから決定機を2つ作られている）。

グループステージでは相手が外してくれたりして事なきを得ていたので目立ちませんでしたが、この代表では細部の詰めが選手の判断に任される度合いがかなり高いため、予選段階からこういったエラーが相当程度みられていました。失点シーンでは、この詰めの甘さが「中に切れ込んでいったクラマリッチに鎌田がついていくが、鎌田がついていくべきなのかそうでないのか、鎌田がいなくなった後を誰が見るのか決まっていないので、そこ（鎌田が切る予定のハーフスペース入り口）に入り込んできたロブレンがフリーで、ノープレッシャーでクロスを上げられる」という致命的な状況を生んでいたのです。

細部の詰めに行き届かない点がある、という意味ではもうひとつ厳しかったのが、「5－4－1」のサイドのエリアでそのようなエラーが起き精度の高いアーリークロスを入れられる場合、ボックス内をどう守るかという約束事も曖昧（おそらく選手の判断に任せられる度合いが大きい）だったという点です。クロアチアの狙いがファーサイド（伊東のエリア）であることは明白だったにもかかわらず、また、サポートの人員（冨安）は配置できていても、伊東をプロテクトするにあたって、的確な状況判断と意思決定が冨安も伊東もできていませんでした。

そのため、全体として、クロアチア側から見れば「MFラインの外側でフリースペースを作られる可能性を考慮していない「5－4－1」」「アーリークロスに対して内側（ボックス内）でどのようにブロックするかが曖昧なチーム」という状態になっていました。これらはゲーム戦略ではなくチーム戦術として詰めておかねばならない細部ですし、そうではなく「選手の自発的な判断」で柔軟に埋めるべき細部、という位置づけなのであればドイツ戦での教訓を活かさなければならないケースでした。結果として、この「戦術的不備」としか評しようがないエラーが敗退の要因になってしまいます。

クロアチアとの大きな差。そして――

ペリシッチの同点ゴールのシーンだけではなく、この試合はクロアチアと日本の間に横たわる「戦術レベルの差」が至るところで現れたゲームだったと思われます。クロアチア独特のコミットメントによるハードマークを効果的に剝がせない個人戦術の差からはじまり、ならば個別にではなくグループで回避するグループ戦術でも、様々なパターンでそれに成功するクロアチアと、一定のルートしか選べない日本との差は明白でした。ハイプレス、ミドルプレス、カウンタープレスもお互い仕掛け合いましたが、そこでもクオリティの差があります。そして、もう一段大きいレベルでの戦術面――彼らは「4－3－3」、こちらは「5－4－1」というシステムを相手との差し合いの中でどう運用するか、必然的に生じることが避けられないエラーをどう防ぐか、エラーが起きた後にどうフォローして守るか、そういった面でも如実な違いがありました。

もちろん、ドイツに対しても、スペインに対しても、コスタリカに対してもそういった面での差はありました。ドイツ、スペインとのそういった戦術面での差は、それ自体はクロアチアとの差よりも大きいものです。この二強との戦いでは、森保監督が準備した戦略的な仕掛けが、こうした戦術的な差を埋め合わせてあまりあるインパクトをもたらしました。

ラウンド16の戦いで、グループステージでは目立たぬよう隠しおおせることのできた戦術的な問題が露呈したのは、クロアチアが日本代表の——森保監督の戦略的特徴をしっかりと分析し、捉えて、その仕掛けによるモメンタムを日本が生み出せないような、日本を戦略的にロックしてしまうような試合運びを、ゲーム戦略を用いてきたからです。彼らは日本が勢いを発揮しづらい戦況を特定し、それを作為し、かつ積極的な交代策で事態を動かそうとする機微もしっかり観察して、その都度日本を「難しい戦況」に引き戻すよう引き戻すようプレーしていました。古来より、戦術面での劣位は戦略的優位で埋め合わせることができるが、戦略的な不利を戦術でひっくり返すことはできない、と言われます。森保監督はおそらく、「日本代表は（あるいは森保監督自身は）、戦術面ではまだ欧州列強に勝利するレベルにない」「ゆえに、戦略面で勝利の可能性を高める構想、準備、仕掛けが必要」と考え、本書が追ってきたように長期的な視点に立ってチーム作りを推進してきたものと思われます。グループステージでは思惑通り、戦略面で優位なポジションを占め結果に結びつけることに成功しましたが、クロアチア戦ではその戦略が機能不全に追い込まれ、必然的に戦術面での劣位をさらけ出すことになってしまいました。

このことは、日本代表がワールドカップでベスト8以上を狙うのであれば、個人戦術・グループ戦術・チーム戦術、戦術水準のあらゆるレイヤーでさらなるレベルアップが求められるという、ある意味当然の事実を説得力をもって私たちに示していると思います。そしてそれは、このカタールでの戦いのような、ある意味戦略的にピーキーな戦いをやり抜いたからこそはっきりと見えた、「新しい景色」なのではないかと思うのです。

森保監督と日本代表のワールドカップ・カタール大会への旅は、優勝経験国かつ育成大国でもあり、先進的な戦略・戦術を追求する最強国グループに入るドイツ代表、スペイン代表に勝利してグループステージを首位通過するという、「日本サッカー史上最高の結果」をもたらしました。一方で、前回ロシア大会から必達目標として位置づけられてきた「ベスト8進出」は、「サッカーというゲームが生み出す混沌」への適応力という面で大会屈指の実力を見せつけたクロアチア代表に阻まれました。

本書では、カタール本戦での戦いの内容、結果を子細に検分し、森保監督は非常に戦略的に仕事を成し遂げたと評価。その観点から、彼がトッププレベルのプロサッカー監督として仕事をスタートさせたサンフレッチェ広島時代に既に見えていた戦略家としての優れた資質、実践を再検討、その時節にドイツ戦、スペイン戦へとつながる特徴が見られることを分析。その特徴がブレることなくカタール大会に向けた日本代表の強化にも活かされていったことを、外部からの観測で見て取れる限り記録しました。

森保監督は、本書でたびたび挙げた「勝利するために必要となる戦略的大枠」と、そこに柔軟性、適応力を加えるための「選手たちの自発性、自由裁量の向上を促す委任戦術」を戦略的な両輪として組み合わせていく方向で強化を進めてきたと思われます。重要なのは、彼がその両輪を決定論的にではなく、その時々の進捗状況に応じて彼自身が柔軟に組み合わせの度合いを考慮し、最終的に現実的な落としどころを選択した、というところです。「結局コレしかできないからこうする」という意味で「現実的」だったのではなく、明らかに地力に勝る強豪国に勝利してグループステージを突破するという、最低限の、しかし極めて困難な結果の獲得を見込めるような「現実的」選択だったという点も注目すべきです。

実際、森保監督の回した両輪のうち「委任戦術」に関しては、チーム内部での活発な意見交換やそこからの効果的な提案という「チーム作り」のプロセスでは一定の成果を見たと思われる一方、本来目指した「ピッチ内での解決」に関しては、ドイツ戦の前半やコスタリカ戦、クロアチア戦で顕著に表れたようにカタールでは十分なレベルに達していたとは言い切れない進捗状況だったと言ってよいでしょう。ですが、もう一方の「戦略的な車輪」は着実な積み上げを達成しており、対戦した4カ国いずれに対しても抵抗可能なマッチアップの強度、高いインテンシティを表現でき、質的な劣勢、地力の劣勢に耐え抜いて、やはり積み上げてきたカウンターベースの素早い反撃を行う強固なベースとなっていました。この「戦略的な車輪」に関しては、本書内でしばしば言及した「代表合流時のスケジュールがどんなに厳しくても日程が確保される非公開の戦術練習」で少しずつ積み上げられ、歩みが遅くとも本戦に間に合えば良いというスタンスで、地道にチームに実装されてきたものと思われます。さらに、就任直後のウルグアイ代表戦やアジアカップのイラン代表戦、アジア最終予選のサウジアラビア代表戦などでみせた「森保ラッシュ」という戦略カードの強み、切るタイミングの適切な選択がそこに加わり、「委任戦術」進捗の不全を十分に補う効果を上げていたと考えられます。そしてそういった「相互補完的に十分な強さに組み合わされた両輪」のバックアップがあったからこそ、選手たちはそれぞれの特徴をうまく活かして戦うことができたのでしょう。

勝利のために必要な因子としてAとBという要素を設定し、そのいずれかが思わしい進捗を見ずとも全てが破綻しないよう、もう一方がその不足分を補完しうる関係を組み立て、総合的には勝利を見込める完成度を達成する。AとBのうちどちらが「不足分の補完」に寄与する要素か見極め、それが短期に達成することが難しいものなのであれば長期的な視野に立って作り上げ、勝利の可能性をあげていく。まさしく戦略の勝利というプロセスだと思われます。

カタールへの4年間で、森保監督はそういう仕事を見事に遂行しました。かつてなく大きな成果を得たとはいえ、ベスト8進出という目標を達成できなかったのも確かです。にもかかわらず、日本サッカー協会は森保監督に新たな契約を提示。2026年のワールドカップ・北中米大会（アメリカ合衆国、カナダ、メキシコ合衆国の3カ国共催）までの代表監督を再び託しました。ことある毎に強調されてきた目標が未達の件についてどのようなスタンスが採られ、精査がなされてきたのか未だに不明ですが、ともあれ賽は投げられました。

本書は、「森保ストラテジー（戦略）」にフォーカスし、森保監督そしてカタールにおける日本代表チームの、戦略面で極めて優れたパフォーマンスについて記述、「戦略面では優位性を発揮できたが、それが封じられると打つ手がなく、個人戦術も含めた戦術面の弱みを見せた」と総括しました。2026年に今度こそベスト8進出を果たすため求められるのは、戦略的な長所は維持しながら、「混沌の誘発」戦略以上のものを確立し、戦術面でも相手を上回るチームを作り上げることだと思われます。戦略家・森保一だけではなく、戦術家・森保一の成長が期待されるプロセス、大会になるでしょう。「ストラテジー」では世界に伍した。その水準を維持・強化しつつ、次は「タクティクス」でも世界と差し合うことを目指す、というわけです。

2018年以降の4年間で見せられなかったものを、次の4年間で？　大丈夫なのか？　訝る声もあるかと思いますが、2012年以来5年間のサンフレッチェ広島監督時代、森保監督がどのように批判されていたかを思い起こしたいです。「ハイプレスが整備できない」「カウンタープレスを植え付けられない」と言われ続けていました。これらは実際、5年間通じてうまくいっておらず最終的に成績が低迷し広島を去る遠因になったのも確かです。ですが、カタールではそのいずれもが、本書が追跡した地道な試みのすえ、世界の舞台で明白な競争力になるほどのレベルで実践可能となっていました。「戦術家・森保一」の爆誕も、ありえないことではないという希望を、筆者は持っています。

2026年、悲願が成し遂げられることを一人のサッカーファンとして期待しつつ、筆をおきたいと思います。

初出一覧

〈プロローグ〉

書き下ろし

〈第1章〉

左記記事を加筆修正・再編集

- VICTORY ALL SPORTS NEWS「ミハイロ・ペトロビッチはどのようにJリーグを席巻し、敗れたのか?」(2017年8月15日)
- VICTORY ALL SPORTS NEWS「森保一は、広島に何を残したのか。栄光をもたらした戦術を徹底分析(前編)」(2017年7月24日)

・VICTORY ALL SPORTS NEWS「森保一の広島は、なぜ機能不全に陥ったか。最後の一手が尽き、万事休す（後編）」（2017年7月25日）

〈第2章〉

書き下ろし

〈第3章〉

パナマ代表戦・ウルグアイ代表戦について左記記事を加筆修正・再編集

・footballista WEB「パナマ戦考察。森保監督が追求する日本式ポジショナルプレーの片鱗」（2018年10月15日）

・footballista WEB「ウルグアイ戦考察。優位を生んだエリア戦略〝森保プラン〟を探る」（2018年10月19日）

〈第4章〉

左記記事を加筆修正・再編集

- Smart Sports News「変数か、定数か。分析家・五百蔵容が論じる、東京五輪に見る日本サッカー」（2021年9月2日）

〈第5章〉

左記記事を加筆修正・再編集

- Smart Sports News「日本代表の弱点は、「試合が始まってから考えている」こと。」（2021年9月29日）
- Smart Sports News「柴崎のミスは、森保〝委任戦術〟の必然？　変化に対して脆弱な日本」（2021年11月10日）
- Smart Sports News「森保監督は、「コンディション問題」を選手に解決させている？」（2021年11月11日）
- Smart Sports News「日本の活路は〝必然の誘発〟にあり？　森保ジャパンの伸びしろと限界値」（2021年12月17日）
- Smart Sports News「日本代表、最新分析。中盤の最強コンビ、田中＆守田は替えが効かない、代わりがいない」（2022年3月22日）
- Smart Sports News「日本VS豪州、最終分析。〝史上最高の状態〟の日本は、W杯出場へ勝負に出る？　慎重に戦う？」（2022年3月23日）

〈第6章〉

書き下ろし

〈エピローグ〉

書き下ろし

森保《もりやす》ストラテジー　サッカー最強国撃破《さいきょうこくげきは》への長《なが》き物語《ものがたり》

二〇二三年 二 月二〇日 第一刷発行

著者　五百蔵容《いほろいただし》

発行者　太田克史《おおたかつし》

編集担当　前田和宏《まえだかずひろ》

発行所　株式会社星海社
〒一一二-〇〇一三
東京都文京区音羽一-一七-一四　音羽YKビル四階
電話　〇三-六九〇二-一七三〇
FAX　〇三-六九〇二-一七三一
https://www.seikaisha.co.jp

発売元　株式会社講談社
〒一一二-八〇〇一
東京都文京区音羽二-一二-二一
(販売) 〇三-五三九五-五八一七
(業務) 〇三-五三九五-三六一五

印刷所　凸版印刷株式会社

製本所　株式会社国宝社

アートディレクター　吉岡秀典《よしおかひでのり》(セプテンバーカウボーイ)

デザイナー　五十嵐《いがらし》ユミ

フォントディレクター　紺野慎一《こんのしんいち》

本文図版　大酒井雄大《おおさかいゆうた》

校閲　鷗来堂《おうらいどう》

ISBN978-4-06-531279-7
Printed in Japan

250
SEIKAISHA SHINSHO

131

砕かれたハリルホジッチ・プラン

日本サッカーにビジョンはあるか？

五百蔵容

サッカー後進国日本の逆転の秘策は灰燼に帰した！

2018年4月9日、ヴァイッド・ハリルホジッチ日本代表監督解任。たえず強い批判と誤解に晒されながら、見事ロシアW杯への切符を獲得してみせた世界屈指の戦術家の挑戦は、この時、志半ばで砕かれることになりました。この日本サッカー界の歴史に残る「事件」の直後に刊行された本書は、世界の潮流に立ち遅れた日本サッカーを変革しようとしたハリルホジッチという名将の戦略・戦術を徹底分析し、次代へとバトンを引き継ぐ貴重なドキュメントです。招聘の立役者・霜田正浩氏（元日本サッカー協会技術委員長）の証言を収録。ロシアW杯本大会目前に下された代表監督解任の決断に正当性はあったのか、そのとき日本サッカーが失ったものは何だったのか、明晰な分析によって「サッカー日本代表監督選考」の意味を問い続ける一冊です。

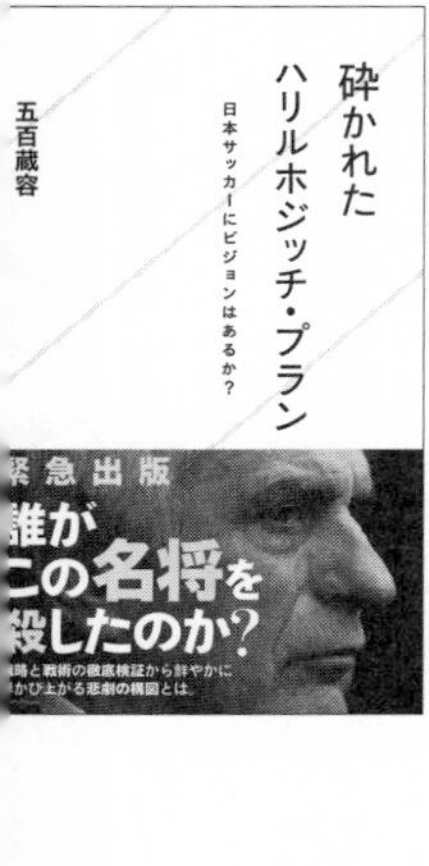

139

サムライブルーの勝利と敗北

サッカーロシアW杯日本代表・全試合戦術完全解析

五百蔵容

日本のサッカーを、ロシアW杯全試合からあぶり出す！

ハリルホジッチ前監督の緊急解任に伴って始動した、西野朗監督率いるロシアW杯サッカー日本代表は、1勝1分2敗・ベスト16という下馬評を覆す成績を残し、戦いを終えました。しかし、しかるべき総括が行われないまま関心は「次」にばかり向いていく、という日本サッカーが繰り返してきた愚は断ち切らなければなりません。本書では、ロシアW杯全4試合の戦術を徹底分析し、日本代表の展開したサッカーがどういうものだったか、世界の潮流の中にどう位置づけられるか、過去の監督たちの仕事とどのように連続性を見いだせるか、を検証します。試合のタイムラインに沿った具体的な分析によって、日本サッカーの未来を議論するために必要な「戦術・戦略思考」を知る一冊！

次世代による次世代のための

武器としての教養

星海社新書

星海社新書は、困難な時代にあっても前向きに自分の人生を切り開いていこうとする次世代の人間に向けて、ここに創刊いたします。本の力を思いきり信じて、みなさんと一緒に新しい時代の新しい価値観を創っていきたい。若い力で、世界を変えていきたいのです。

本には、その力があります。読者であるあなたが、そこから何かを読み取り、それを自らの血肉にすることができれば、一冊の本の存在によって、あなたの人生は一瞬にして変わってしまうでしょう。思考が変われば行動が変わり、行動が変われば生き方が変わります。著者をはじめ、本作りに関わる多くの人の想いがそのまま形となった、文化的遺伝子としての本には、大げさではなく、それだけの力が宿っていると思うのです。

沈下していく地盤の上で、他のみんなと一緒に身動きが取れないまま、大きな穴へと落ちていくのか？　それとも、重力に逆らって立ち上がり、前を向いて最前線で戦っていくことを選ぶのか？

星海社新書の目的は、戦うことを選んだ次世代の仲間たちに「武器としての教養」をくばることです。知的好奇心を満たすだけでなく、自らの力で未来を切り開いていくための〝武器〟としても使える知のかたちを、シリーズとしてまとめていきたいと思います。

2011年9月

星海社新書初代編集長　柿内芳文

SEIKAISHA SHINSHO